# 선비, 그 위대한 뿌리

인문의 향기를 찾아 떠난
이상길의 문화산책

# 선비, 그 위대한 뿌리

# 민족 문화와 선비 정신의 맥을 찾아서

대한민국의 모든 사람과, 모든 사람이 사는 그 어느 곳이든, 다 나름의 역할로 나라를 위해 존재했습니다. 그것은 공간적으로나 시간적으로나 정신적으로 다 마찬가지였습니다. 하나라도 함부로 평가하지 못합니다. 모두가 소중합니다. 길고 멀고 어려운 길에서도, 완벽하지는 않으나, 최선을 다했고, 그래서 모두가 건강합니다. 자부심을 가져도 좋다고 생각합니다. 그래서 대한민국입니다.

그럼에도 불구하고, 외람된 평가라고 누군가는 말할 수도 있을 것입니다. 그런 역할과 존재에 있어서 대구·경북이 차지하는 가치가 그 중 중추적 역할을 했다고 감히 말한다면 말입니다.

삼국시대의 신라와 대가야의 존재는 이 나라의 기틀을 마련했다고 감히 나는 믿습니다. 고려와 조선을 거쳐 근대와 현대에 이르기까지 그 역할은 지대했습니다. 다른 곳을 폄훼함이 절대 아닙니다. 그 가치를 강조하기 위한 하나의 방편이고, 동향의 자부심이라고 넓은 이해를 구하는 바입니다.

대구·경북의 자랑이자 자부심인 위대한 사상가 원효는 화쟁사상으로, 일연선사는 단군신화로, 민족 통일과 민족 문화, 민족 정체성을 정립했습니다. 또한 대구·경북은 성리학의 비조 정몽주에 이어 길재, 김숙자, 김종직, 김굉필, 이언적, 이황, 정구로 이어지는 조선 대표 유학자들의 본향으로 사물의 본질과 명분, 의리를 중시하는 선비정신을 올곧게 실천해 왔습니다. 선비는 지금까지도 우리의 정신에 지대한 영향을 끼친 사람들입니다. 그들은 관직에 나가거나 향리에 머물러 있음을 개의치 않고 스스로 학문을 닦고 제자를 양성하며 나라의 기틀을 마련하고 그 정체성을 확보하는 데 있어 나아감과 들어감이 없이 오직 구국의 횃불을 지핀 사람들입니다.

대구·경북의 민족 중심 가치관과 선비정신은 역사의 고비마다 시대정신을 고민하고 실천하며 그 물줄기를 바꾸는 역할을 해 왔습니다. 그리고 이러한 역사와 문화유산은 나라가 위태로울 때는 호국정신으로 발현되었습니다. 수많은 외침에도 불구하고 우리가 오늘날까지 굳건하게 나라를 지킬 수 있었던 것은 그런 정신이 그대로 내재되어 있기 때문입니다. 항몽과 임진왜란의 난리에도 관군은 물론 이름도 모를 민초들이 그야말로 들불처럼 일어나 목숨을 초개처럼 던지며 싸웠습니다. 임진왜란 때 항일의병자 수의 43%12,000명가 선비정신에 기반한 경상도 의병들입니다.

근세에 와서도 크게 다르지 않습니다. 국권찬탈에 맞서 분연히 일어선 한말의병의 수많은 사례를 우리는 알고 있습니다. 일본이 갑오변란을 일으키자 전국 각지에서 의병이 일어났습니다. 1895년에서 1896년 사이에 일어난 의병을 전기의병이라 부르는데, 이를 주도한 것은 충군대의忠君大義의 깃발을 내걸고 일어난 유림들이었습니다. 안동부 관할 16개 군 가운데는 안동, 청송, 진보, 영양, 영덕, 영해, 영주, 예안, 봉화, 순흥, 풍기, 예천에서 의병부대인 의진이 조직되었고, 대구부에 속했던 의성·김천·경주 등에서도 그러했습니다. 이를 이끈 인물로는 북서부 지역에서는 이강년, 북부 지역에는 권세연, 김흥락, 김도화, 이만도, 김도현, 금석주, 박주상, 장윤덕, 김상종, 심성지, 서부 지역의 여중룡과 허위와, 평민의병장 신돌석 등이 대표적 인물입니다. 아울러 순국투쟁으로 일본의 불의에 항거한 사람들도 많아서 정확하게 70여

명 중 대구·경북 출신이 19명으로 알려져 있습니다. 우리는 이를 자정순국自靖殉國, 스스로 바르게 처신하여 나라를 위해 목숨 바침이라 부릅니다. 일제강점기에 독립유공자 수의 22%가 경상도 출신이며, 그 중 대구·경북이 15%2,357명로 이를 증명하고 있습니다.

대구에서 시작된 국채보상운동은 또 어떻습니까? 이 운동은 1907년 1월에 김광제, 서상돈 선생 등이 시작하였습니다. "2천만 민중이 3개월 동안 담배를 끊어 나라의 빚 1,300만 원을 갚자"는 제안으로 시작된 운동입니다. 여기에는 기관이나 단체, 개인은 물론 신분이나 연령, 남녀의 구분이 없었고, 황제도 담배를 끊었다고 합니다. 담배는 일본인 상인들이 폭리를 취하는 대표적인 상품이었기 때문입니다. 국채보상을 위한 여성단체 조직과 활동도 두드러졌습니다. 그 첫 조직이 1907년 2월에 발기한 남일동패물폐지부인회南一洞佩物廢止婦人會입니다. 이 단체는 국채보상을 위해 조직된 첫 여성 조직입니다. 발기인은 모두 일곱명으로, 서채봉정운갑의 어머니, 정경주서병규의 부인, 김달준정운화의 부인, 정말경서학균의 부인, 최실경서석균의 부인, 이덕수서덕균의 부인 아직 이름이 알려지지않은 배씨김수원의 부인가 바로 그들입니다. 이들은 자신들의 은가락지·은장도 등 총 13냥 8돈 가량의 패물을 의연하였다고 기록되어 있습니다.

3·1 운동 역시 예외는 아닙니다. 대구·경북도 다른 지역과 크게 다르지 않았지만, 가장 주목해야 할 점은 '파리장서의거'와 연관되어 있다는 점입니다. 파리장서의거는 3·1 운동 직후 일부 유림들이 나서서 파리에서 열리는 강화회의에 한국의 독립을 요구하는 청원서를 보낸 일입니다. 이 의거에 관여한 137명의 인원 중 62명이 대구·경북 사람들이었습니다. 또한 대구·경북의 여성의 역할 역시 빼놓을 수 없습니다. 임청각석주 이상룡 생가의 종부 3대, 일송 김동삼의 부인 박순부와 며느리 이해동, 추산 권기일의 아내 김성, 남편 배재형을 따라 단식 절명한 김씨 부인 등 숱한 분들이 있었습니다. 남자현영양, 김락안동, 신분금, 윤악이영덕, 임봉선칠곡, 김정희영천 지사들도 있습니다.

이분들 외에도 수없이 많은 사람이 나라를 위해 희생하셨습니다. 자랑스럽고 자랑스럽습니다. 오래 기억하겠습니다.

해방공간을 지나 일어난 6·25 전쟁은 분단과 전쟁, 고난의 행군이었습니다. 그러나 세계사에 길이 남을 낙동강 방어전, 그리고 왜관-다부동 전투, 신녕-영천 전투, 기계-안강 전투, 영덕-포항 전투, 장사상륙작전 등 일방적인 수세에서 일거에 공세로 판세를 뒤집을 수 있는 계기를 마련하지 않았으면 민족의 운명을 예측할 수 없는 위기의 상황에서 우리 민족을 지켜낸 전투였습니다.

2·28 민주화운동은 또 어떻습니까? 해방과 민족상잔의 아픔을 겪고 살림살이가 나아지기를 고대했던 국민들의 기대를 이승만 정권은 충족시키지 못했습니다. 갖은 방법으로 정권을 유지하기 위해 부정을 저질렀습니다. 이에 항거하기 위해 학생들이 분연히 일어난 것이 2·28 민주화운동이었습니다. 이 운동은 후에 4·19 혁명의 찬란한 도화선이 되었습니다. 대구·경북이 보수의 본거지라 쉽게 이야기하지만 그것은 틀린 말입니다. 부정과 불의에 의거한 젊은 학생들의 의거가 아직도 살아있는 곳이 바로 대구·경북입니다. 건강한 보수, 건강한 진보가 살아있는 곳이 바로 대구·경북입니다. 보수와 진보가 잘 균형잡힌 곳

입니다.

새마을운동은 오늘의 대한민국이 있기까지 실질적인 동력이었습니다. 1971년 대구·경북에서 일어난 이 운동은 전국의 3만 3,267개 동네에 335부대의 시멘트를 지원하면서 전국적으로 확대되었습니다. 마을환경이 개선되고 도로가 만들어지면서 생활환경이 나아지는 결과를 가져왔습니다. 또한 이 운동은 '보다 잘 사는 새로운 생활공동체'를 만드는 것이 목표였습니다. 지금도 이 운동의 정신은 유효하다고 생각합니다. 운영의 원리를 다시 생각하고 근본적인 생각을 고쳐하면 여전히 살아있는 가치입니다. 불공정과 이기주의가 판을 치는 작금의 현실을 상기하면 그 가치가 더욱 그립습니다. 또한 근대화를 넘어 현대화의 초석을 놓음으로써 모든 국민의 생활 향상을 추구할 수 있었습니다. 그 공과는 역사가 정리할 것이지만, 할 수 있다는, 변화할 수 있다는 그런 정신의 발로가 오늘날 대한민국의 청사진입니다.

이처럼 대구·경북은 가히 한국정신문화의 일익을 담당한 귀중한 공간이었고, 뜻있는 사람들의 소중한 기억의 집합소였습니다. 그러나 지금의 현실은 답답하기 그지없습니다. 행정의 일부를 담당하고 있는 사람으로 그 책임을 통감합니다. 우리나라 중요한 문화재의 16%가 대구·경북에 있습니다. 아쉽지만 관광객의 증가는 눈에 띄지 않습니다. 포항의 POSCO를 필두로 하여 구미와 대구의 산업은 새로운 돌파구가 절실한 실정입니다. 무엇보다 활력이 보이지 않습니다. 세계적인 경기불황과 일방적 보호주의, 구조적 문제만을 탓할 수는 없습니다. 혁신과 개혁을 게을리 한 과오도 무시하지 못합니다.

세심하지 못했고, 과거의 영화에 취했습니다. 내일이 있으면 그 다음 날을 생각하지 못했습니다. 그러나 위기가 기회임을 각성하고 있습니다. 지방자치와 분권을 다시 상기하며, 가열차게 분발하여야 함을 잘 압니다. 선비를 생각하고, 서원을 생각하고, 인문을 생각하는 것이, 너무 어렵다고 현실을 도피함이 아님을 더불어 생각하고자 이 책을 썼습니다. 여행이 아니라 반성이었습니다. 관광이 아니라 반성이고 성찰이었습니다. 보이는 것보다 보이지 않는 것에서 새로운 것을 발견하고, 보인다 하더라도 제대로 보았나를 돌아다 보았습니다.

온고지신溫故知新 법고창신法古創新, 말은 쉬워도 참 어려운 말이었습니다. 스스로 돌아보지 않으면, 자신도 자기의 존재를 인식하지 못하면서, 어떻게 우리의 삶을 아우를 수 있을까. 스스로에게 이르는 채찍의 말로 썼습니다. 바쁠수록 돌아가라고 했습니다. 다시금 돌아보는 기회를 가지기 위해 바쁜 시간을 쪼개 피곤을 무릅쓰고 보고 또 확인했습니다. 볼수록 많은 것을 배울 수 있었습니다. 그러나 선현들은 쉽게 답을 내주지 않았습니다. 더욱 보고 배우라고 가르침을 주셨습니다.

작은 기록입니다. 한걸음 더 내딛기 위한 기회로 삼아, 개인의 성찰은 물론 더불어 잘 사는 사회를 만들기 위한 한 사람의 기특한 여정으로 길동무 삼아 주시면 더없는 기쁨이겠습니다.

더욱 정진하겠습니다.

2019. 11. 18

이상길

# 선비,
# 그 위대한
# 뿌리

# 1

# 인문의 향기를 좇아 길을 나서며

# 사라진 서원

## 연경서원을 생각하며

대구에는 서원이 없다.

혹자는 도동서원을 언급하는 사람이 있지만 엄연히 말하면 대구와는 조금 거리가 있다. 굳이 말하자면 달성에 있다. 이 광활한 통합의 시대에 이런 언급이 속이 좁은 아량의 표현일 수도 있겠지만, 연경서원이 상징하는 바의 본질에는 미치지 못하므로 나는 동의하지 않는다.

연경서원은 퇴계退溪 이황1501~1570 선생께서 생전에 서원 10곳을 세우려는 의도로 '서원십영書院十詠'을 통해 그 심정과 의의를 표출하며 준비하였으나 9번째인 연경서원에 그치게 된 아쉬움이 있다. 대구 지역에서 표충사表忠祠와 낙빈서원洛濱書院에 앞서 최초로 사액賜額을 받은 유일한 서원이다. 조선 후기 연경서원의 문적은 1824년에 번암樊巖 채제공蔡濟恭의 문집을 발간할 때 적은 『간소일기刊所日記』나 농암종택聾巖宗宅과 각 서원의 통문通文 정도만 확인되고 있다. 따라서 서원의 체계적인 기록은 확인하지 못한다. 다만 지역의 문집에서 찾아보면 1845년 임재臨齋 서찬규徐贊奎의 일기에 "서성극과 구상춘, 구사로 등 아홉 명이 화암畵巖에서 퇴계 시에 차운次韻"한 것만을 볼 수 있다. 차운은 선현을 흠모하며 그의 글에서 한 글자를 따와서 시를 짓는 것을 말한다.

무릇 선비는 글자 하나에도 함부로 접근하지 않을 만큼 경외의 뜻과 더불어 그 글자를 사용하는 이상 최상의 글을 지어야 한다. 공부하는 자세라고 생각 된다. 범접하지 못하되 따르며 배우고 싶고, 그 명예에 누가 되지 않도록 생각의 생각을 거듭하며 자신만의 세계를 펼치고자 한다. 학문의 자세라고 인식해야 한다. 후학의 어려움은 그래서 진중해야 하고, 그것을 이기는 순간 진정한 선비가 되면서 또 다른 후학을 양성하게 된다. 그 길을 발견하면서 자신의 지평을 넓히는 것이다. 자신을 위해서가 아니라, 역사를 알고 책임지는 선비고자 했던 것이다. 시대는 멈추지 않는다. 그래서 가혹하고 준엄하다.

연경서원은 매암梅巖 이숙량 선생과 계동溪東 전경창 선생이 퇴계의 염원을 이어 건립한 서원이다. 이숙량 선생은 그 고명한 농암 이현보

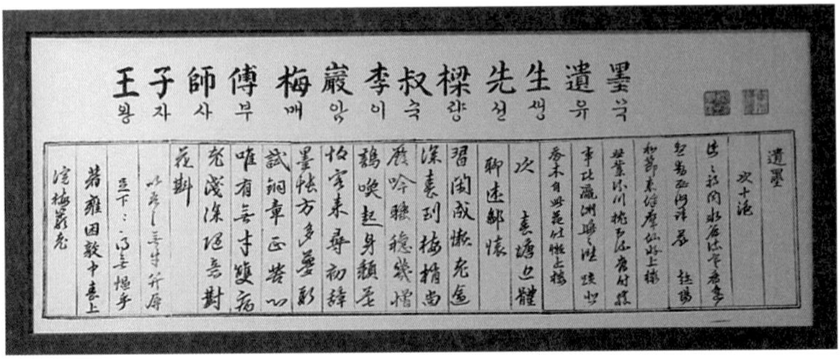


● 매암 이숙량 선생 유묵

선생의 아들로 안동 출신이지만 대구에서 일정 기간 벼슬을 지냈다. 전경창 선생은 대구 출신으로 문과에 급제하여 사헌부 지평 등의 벼슬을 지낸 인물로, 두 사람은 모두 퇴계 선생의 제자이자 대구 성리학이 오늘날 자리를 잡게 큰 역할을 하신 분들이다. 이후 서원은 낙재 서사원, 모당 손처눌, 괴헌 곽재겸, 연정 유요신, 낙애 정광천, 태암 이주 선생들의 노력에 의해 운영 되었으며 임진왜란 이후의 중건과 운영 역시 이분들의 역할로 인해 오늘날까지 유림의 명맥이 유지되고 있는 것이다. 이런 이유로 하여 연경서원이 '대구 유림의 성지', 혹은 '대구 최초의 서원'이란 칭호를 듣는 가장 큰 이유이다. 그런데 그 자랑스러운 서원이 지금은 없다.

서원은 개원 이래 조선의 역사만큼이나 여러 풍상을 겪으면서 300여 년을 지내왔으나 초기의 서원은 사림정치의 근간으로 긍정적인 기능을 발휘하기도 했으나 차츰 당파정쟁으로 인한 부정적인 면이 많이 부각되면서 1871년고종 8에 이르러 대원군의 지시로 많은 서원이 사라질 위기에 처한다. 당시의 서원철폐령으로 전국 650개의 서원 중에서 일현일원一縣一院의 원칙에 따라 소수서원, 도산서원, 도동서원 등 사표가 될 만한 47개의 서원만 남기고 나머지는 모조리 훼철되었다. 이때 연경서원의 주향이신 퇴계 선생은 첩설疊設, 거듭 설치함이 30여 개소가 넘었고, 다른 서원들도 주로 모시는 선현들의 의미를 무시하지 못할 형편이었으므로 일현일원의 형평성만은 지켜야 했던 듯하다. 그런 이유로 인해 사액서원임에도 불구하고 연경서원은 훼철을 면하지 못했던 듯싶다. 아마 그 시대에도 관리들의 기계적인 판단과 행정적 편리는 여전했던 관례인가 여겨진다.

이에 대한 영남 남인의 공식적인 첫 대응은 성균관의 남인 유생을 중심으로 집단 시위인 권당捲堂이 일어났으며, 경상도 지역에서는 상주의 정민병鄭民秉을 소수疏首로 선출하여 63개 읍에 소유疏儒를 배정하였으며, 이에 동조하여 제출된 명첩名帖의 유생이 모두 10,027인이었다. 이 「만인소萬人疏」의 상소문은 대원군의 강력한 제재로 대궐에 전해지지도 못한 채 도성 밖으로 내몰리고 말았다. 세월이 흘러 대원군의 집권이 끝난 무렵인 1878년고종 15에 7천여 명의 경상도 유생들이 서원을 복구해 설립하라는 명을 내려주기를 청하는 소를 올렸지만 고종의 재가는 이뤄지지 않았다.

표현이 좀 거칠기는 하지만, 내게 있어서 연경서원은 그렇게 사라진 서원이 되어 버렸다. 한낱 소시민인 내가 이렇게 가슴 아파 해봤자

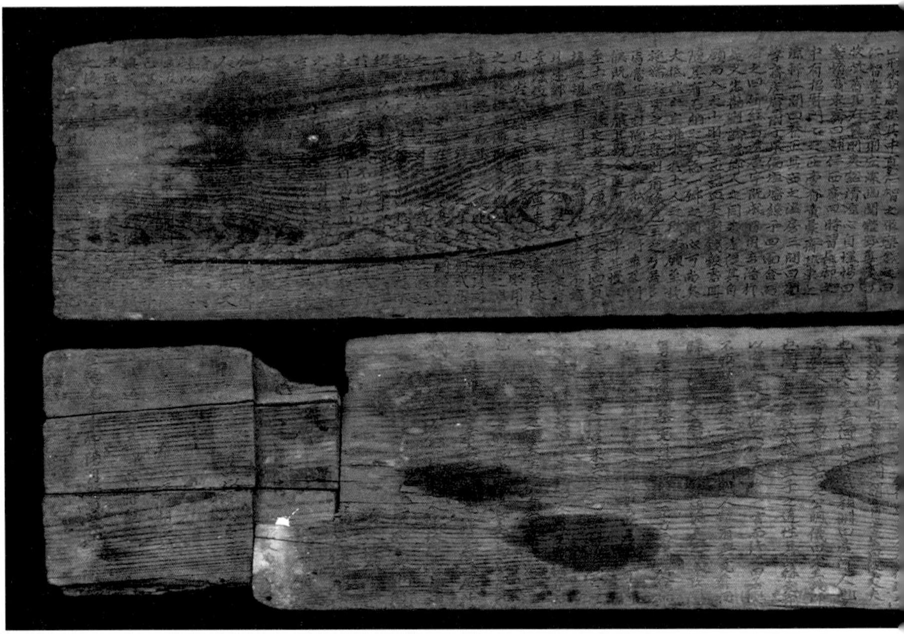

● 연경서원 기문후기 편액(1613) 퇴계 이황의 서원 교육철학이 담겨 있다.

무슨 소용이 있으랴만 연경서원의 건립 기원과 그곳에서 행해진 많은 학문적 정진, 그 속에 녹아 있는 도무지 측량할 길 없는 정신의 깊이는 해가 갈수록 묵은 빚으로 남아 있는 듯하다. 아프고 아프다. 이러한 유서 깊은 서원이 훼철되어 다시 건립되어 그 찬란한 위업을 휘날리지 못하면, 기약 없이 지체되는 시간은 어디서 보상받아야 하며, 그 정신적 손실은 어디서 채워야 하는가.

그러나 뜻있는 사람들의 중지衆智가 여전히 모아지고 작은 발걸음이

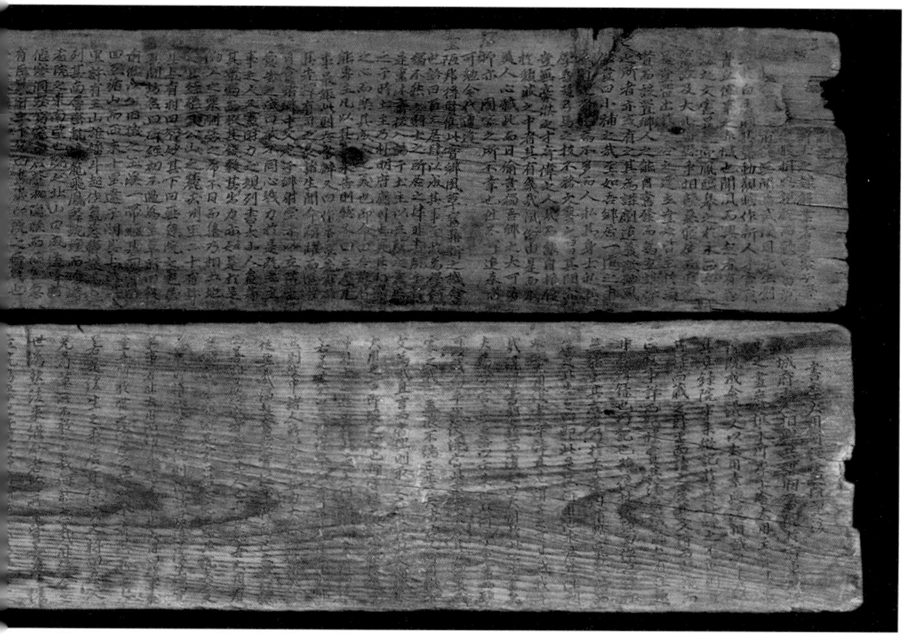

나마 조금씩 진행되고 있음은 참으로 고마운 일이다. 이제 시작일 뿐이다. 그전에 앞서 우리는 그 소중한 가치와 교훈, 정신적 깊이를 다시금 되새겨 보아야 하고, 그 본질을 정확하게 인지하는 것이 무엇보다 중요한 일임을 깨달아야만 한다.

연경서원은 건립의 동기와 과정에서부터 특별한 배경이 숨어 있다. 연경서원이 건립되던 때의 자세한 기록은 이렇게 남아 있다. 매암 이숙량 선생이 지은 「연경서원기研經書院記」의 전문全文을 옮긴다. 문장이 향기롭고 뜻이 깊어서 언제 읽어도 지루함이 없다. 아울러 학문을 향한 선비의 집념과 시대를 걱정하는 지성인의 고뇌, 그리고 글을 배우는 사람뿐만 아니라 위로, 아래로 향한 모두의 지극한 삶을 향한 배려 등이 묵향으로 살아나는 듯하다.

> 1563년(명종 18) 향사(鄕士)로서 과거를 준비하는 사람들이 향교에 많이 모여서 독서하고 글을 짓는 여가에 함께 서로 팔을 걷어붙이고 탄식하며 이렇게 말씀하셨다.
> "서원이 우리 동방에는 전후로 알려지지 않다가 무릉도인(武陵道人) 주세붕(周世鵬) 선생께서 백운동에 처음으로 세우시자 삼가 보고 듣는 움직임이 일어나 인재를 진작시켜 쇄신하였으니 실로 우리 조선의 위대한 사업의 붉은 깃발이셨네.
> 풍문을 듣고 세운 것으로 해주의 문헌서원(文憲書院)과 성주의 영봉서원(迎鳳書院)과 영천의 임고서원(臨皐書院)과 경주의 서악서원(西岳書院)과 같은 것이 있어서 크고 작은 주현(州縣)에 이르기까지 앞을 다투어 서로 경쟁적으로 흠모하여 점점 넓게 하고 점차적으로 갖추고 있으니 이것이 어찌 모두 수령(守令)이 건립한데서만 나온 것이었으며, 어찌 반드시 모두 선현 숭상만을 위주로 하여 설치한 것이겠는가?
> 고을 사람들이 능히 스스로 분발하여 강학하는 장소로 삼기 위해서 세운 것이고, 또 혹은 도의를 강마하고 풍속을 격려하기 위해서 둔 것이기도 하니 어찌 조금의 도움만 된다고 하겠는가? 우리 고을 같은

곳은 한 도(道)의 가운데 있어서 의관을 갖춘 후예들이 많지 않은 것이 아닌데도 사람들은 그 몸을 사사롭게 여기고 선비들은 그 학문을 사사롭게 여겨서 활쏘기나 말 타는 기술을 익히는 데다 잘 좇아다니면서도 문예를 익히는 데는 힘쓰지 않고 있네. 그 중에서라도 또한 어찌 호걸 같은 인재나 위인이 없으랴만, 그러나 무너진 세파 속에서 능히 스스로 떨쳐 분발할 수 있는 사람은 많지 않아서, 풍속이 이로 말미암아 아름답지 아니하고 인심이 이 때문에 날로 나빠지니 어찌 다만 우리 고을만 크게 부끄러워해야 할 점이겠는가?

또한 국가에서도 불행하게 여겨야 할 바네. 지나간 것을 따라 잡을 수는 없지만 오는 것은 힘쓸 수 있다네. 지금 시대에 성군을 만나서 누추한 고을이 어진 부사(府使)를 얻었으니 이는 실로 향풍(鄕風)의 구습을 혁신할 수 있는 기회일세. 『논어』에 말하기를 '모든 장인(匠人)은 작업장에서 그 일을 이룬다.' 그렇다면 곧 선비가 있어야 할 작업장은 서원이 아니겠는가?"

이에 목욕재계하고 모두 일어나 고을의 수령을 뵙고 서원을 세우려는 뜻을 말씀드렸는데, 당시 부사는 곧 반남인(潘南人) 야천(冶川) 박소의 아들 박응천(朴應川)이었던 바, 학문으로 향하는 마음을 아름답게 여겨주셨으며, 남의 아름다움을 이루어 주려는 것을 좋게 여겨주셨다. 즉시 명을 내려 말씀하시기를, "내 비록 능히 오로지 주관해 줄 수는 없지만 그런 일로 와서 말씀하시니 들어드려야지요."라고 하셨고, 또 말씀하시기를, "기와집을 세우는 일이 가장 큰 일인데 이 일은 곧 내가 마땅히 힘써드리겠습니다."라고 하셨으며, 또 말씀하시기를, "일을 하려면 유사(有司)보다 우선적인 것이 없으니 유사의 대표를 뽑

아주시기 바랍니다."라고 하셨다. 여러 생도들은 명을 듣고 기뻐 뛰면서 물러나왔다.

다음 날 여러 향중의 부로(父老)들을 향사당(鄕社堂)에 모셔놓고 또 서원을 세우려는 뜻을 말씀드렸더니 모두 말씀하시기를, "감히 마음을 같이 하고 힘을 합하지 않을 수 있겠는가?"라고 하셨다. 이에 먼저 일을 주관할 사람을 세웠고, 또 재력의 규모를 계획했으며, 대소인원을 두루 기록하였고, 남아 도는 것과 부족한 것을 헤아려 보고서 돈과 곡식을 거두었으며, 그 힘을 내는 데도 또한 이와 같이 하였다. 이에 장인(匠人)에게 줄 곡식과 노임(勞賃)으로 줄 포(布)가 며칠이 안 되어 모였다. 이에 토지의 마땅한 곳을 살펴서 팔공산 기슭에서 일을 시작했는데 주리(州里)에서 떨어진 정도가 20리 남짓 되었다. 그 위로는 지묘촌(智妙村)이 있고, 그 아래로는 무태촌(無怠村)이 있으며, 서원 부지(敷地)는 그 사이에 있는데 동네 이름은 연경(硏經)이었다. 애당초 묵은 풀밭에 불과했으나 우리 전임 부사(府使)께서 공전(公田)으로 교환해 주셨다.

옥계(玉溪) 한 줄기가 그 남쪽을 지나며 졸졸거리고 구불구불 산을 따라 서쪽으로 가는데 10리가 못되어 금호강(琴湖江)에 이른다. 그 상류로 2리쯤에는 왕산(王山)이 있는데 웅장하게 서리어 우뚝하게 솟아있으며 아름다운 기운이 성대하게 서려 왕산을 수호하고 있다. 그 남쪽으로 늘어서서 겹겹한 능선과 첩첩한 봉우리가 용이 나는 듯 봉황이 춤추는 듯 꿈틀거리며 펼쳐져 있는 것은 서원의 동남쪽 풍경이다. 서원의 북쪽산은 성도산(成道山)이라고 하는데, 꼭대기는 높이 솟아있고 골짜기는 아늑하며 흰 돌과 푸른 소나무가 은은하게 빛을 발하고 있다. 그러나 그 산이 서쪽으로 달리면서 갑자기 거대한 바위가 있어 천 길이나 우뚝 솟아있으니 화암(畵巖)이라고 부르며 곧 서원의 서쪽을 누르고 있다. 붉은 낭떠러지에 푸른 절벽이 높고 가파르게 버티고 있으며 기이한 모양과 괴상한 형상으로 스스로 그림을 이루고 있으니 화암이라는 이름을 얻게 된 것은 이 때문이리라. 그 아래는 푸른 소가 있는데 맑고 맑아서 노니는 물고기를 셀 수 있을 정도니 곧 서원의 굽어보는 것이다.

1563년(명종 18) 봄 3월에 상량하였고, 이듬해 겨울 10월에 이르러 공사를 마쳤는데 무릇 집을 지은 것이 40여 칸이었다. 그 강당 마루는 세 개의 기둥에 마룻대와 처마가 높이 솟았는데 처마는 높아서 날아가는 듯하고 산의 형상과 물의 흐름이 모두 그 안으로 향하므로 참으로 어질고 지혜로운 사람이 즐길만한 곳인지라 이름하기를 인지당(仁智堂)이라고 하였다. 그 왼쪽 방은 넓고 깊숙하여 그윽하고 조용하여 생김새가 존엄하므로 수방재(收放齋)라 하였고, 그 오른쪽 방은 밝고 넓으며 맑고 서늘하여 마음이 저절로 경계되고 두려워지므로 경타재(警惰齋)라 하였다. 동재는 보인재(輔仁齋)라 하였고 서재는 시습재(時習齋)라 하였다. 긴 행랑(行廊)의 중간에 초현문(招賢門)이 있고, 문의 서쪽 옆에는 동몽재(童蒙齋)가 있는데, 그 동쪽의 서늘한 마루 2칸은 양정당(養正堂)이라 하였고, 그 서쪽의 따뜻한 방 3칸은 유학재(幼學齋)라 하였으며, 부엌과 창고를 동쪽으로 치우쳐 붙여 두었고 담장으로 서쪽 면을 둘렀는데, 합하여 명명하기를 연경서원(研經書院)이라고 하였다.

집은 이미 낙성되었지만 많은 기물들이 갖추어지지 못하였다. 이에 또 권하는 차자(箚子, 간단한 서식의 상소문)를 발송하여 향중 사람들 중에서 뜻을 같이 하는 사람들과 의논했더니, 그들 스스로의 원(願)에 의해 들여보냈음에도 작은 것으로는 소반과 밥그릇과 그릇과 큰 것으로는 돈과 곡식과 서책을 그들의 있는 형편에 따라 보냈으니 그들이 한 고을을 위하여 마음을 함께 함을 높이 평가할 만하였다.

대저 서원을 세운 것이 비록 지역민들이 함께 원하던 바를 바탕으로 한 것이기는 하나 조치를 취함에 이르러서는 대체로 보건대 곧 전후(前後) 대구부사(大邱府使)의 힘이 많은 부분을 차지하였다. 그 목재와 기와를 모으기 시작하던 때를 당하여는 사력(私力)으로는 미칠 수 없는 바였는데 곧 부사께서 벌써 맡으셔서 그 호령을 엄하게 하시며 따라 줄 것을 말씀하시니 그 더디던 일이 시행되었으며, 전답과 노비에 관한 시행책과 선비 양성과 봉급 지급의 자본금과 등잔 기름과 소금의 구매 계획에 이르기까지 신경을 써서 조치해 주지 않는 것이 없으셨으나, 조치한 것이 아니할까 바야흐로 두려워하고 있었다. 사문(斯文)이 행운이 있어 다시 지금 부사(府使)같이 어진 분을 만나게 되었는데, 부임한 지 오래지 않아 면밀하게 신경 써서 마무리해 주셨고, 말씀드리는 것을 의논하고 들어주시기를 물 흐르듯이 하여 부역으로 도와주는 일과 재물로 계속 지원해 주는 일에 시종 게을리하지 않으셨으며, 지켜주는 노복과 밥해 주는 비복에 이르기까지도 또한 힘을 다해 주셨다. 문풍(文風)을 숭상하고 교화를 일으키려는 생각을 전후(前後)가 같이 한 길이었으니 곧 우리 한 고을 많은 선비들의 행운이 어떠했겠는가?

그러나 두 부사의 공이 어찌 다만 소소하게 지어주시던 기간과 조치해 주셨던 말단적인 것에만 있겠는가! 서원 내에서 다른 날 원근에서 와서 유학(遊學)하는 사람들이 두 부사의 부지런함을 생각하고, 서원을 세워주신 의로움을 사모하며, 글을 읽으면 격물치지 성의정심을 근본으로 삼고, 글을 지으면 구절이나 아름답게 꾸미고 문장이나 다듬는 것을 말학(末學)으로 여기며, 위기지학(爲己之學)을 하여 외물에게 빼앗기지 아니하고, 참으로 알고 실제로 실천하여 이단(異端)에 현혹되지 아니하며, 맑게 흐르는 물에 임해서는 공자께서 '이와 같을진저!' 라고 탄식하셨던 것을 사모하고, 높은 바위를 우러러 보며 맹자의 우뚝한 기상을 생각하면 높은 자는 방에 들어가거나 마루에 오를 수 있을 것이고 낮은 자라고 오히려 어진 사람이 됨을 잃지 않을 것이니 궁(窮)해도 집안의 모범이 되고 시속의 사표가 될 것이며, 영달(榮達)하면 임금을 높이고 백성을 덮어주어 충성을 행하고 효도를 행하여 이내들이 성대하게 일어나게 되리니 두 부사의 공이 이에 크게 되어 장차 화암(畫巖)과 같이 우뚝 서서 떨어지지 않으리라는 것은 의심의 여지가 없다. 지금 대구부사의 이름은 반남인(潘南人) 인암(忍庵) 박승간(朴承侃)인데 전임 대구부사와 더불어 같은 성씨(姓氏)로 미풍(美風)을 이어주셨다.

당시 고을 사람들이 나를 보잘것없는 사람이라 여기지 않고 이미 서원의 일을 주관하도록 했었는데, 이미 낙성되자 또 나에게 그간의 자취를 갖추어 기록해서 퇴계(退溪) 이황(李滉) 선생께 기문을 청해달라고 책임을 맡겼다. 퇴계 선생께서는 질병으로 사양하셨고, 이에 내 글의 사실을 기록한 것이 기문에 가깝다고 하여 추중(推重)하고 장려해 주셨으며, 인하여 그 말미에 발문(跋文)을 써주시며 매우 신경을 기울여 주셨는데, 반드시 문미(門楣) 사이에 같이 걸어놓기 바란다고 하신 연후에 마쳐주셨다.

나는 억지로 사양하려 했지만 감히 어찌할 수 없었으니, 곧 이것이 나의 졸렬한 글이 발문의 말씀과 함께 나란히 놓여있게 된 까닭이다. 나의 기문을 버리고 선생의 발문만 취하고자 하면 서원의 전말(顚末)에 대해 그 실상을 알 수 없기에 이에 감히 옳지 않다는 비난을 무릅쓰고 마침내 썼으니 후일(後日)의 군자들이 사람 때문에 말을 폐하지 말고 다만 너그럽게 이해해 준다면 다행스럽기 그지없겠다.

위의 글에서도 확인할 수 있듯 연경서원은 다른 서원과는 다른 특이한 건립 이유가 있어 주목을 받고 있다. 서원의 목적은 그 설립 이유가 대개 비슷한 역할을 한다는 것에는 이의가 없다. 그러나 연경서원이 기존의 서원과 확연히 다른 점을 반드시 눈여겨 볼 필요가 있다. 보통의 서원의 건립배경과 목적은 유교의 확산과 도학의 수학을 목적으로 하여 배향한 선인들의 제향을 위한 사당의 성격이 강하고, 대체로 그 건립비용은 나라에서 충당해 주었다. 그러나 연경서원은 유교의 확산은 물론 성리학의 연구와 그 확산에 중점을 둔 점이 그 다른 점이다. 좀더 학문적인 기관으로의 역할에 충실하고, 아울러 대구 지역 유림들의 강학의 장으로 활용함을 주된 목적으로 삼았다. 건립비용 역시 관의 주도에 의지하지 않고 유림의 자발적 참여를 우선으로 하되 관의 지원이 뒤따랐다는 것에 크나큰 의의가 있다고 할 수 있다.

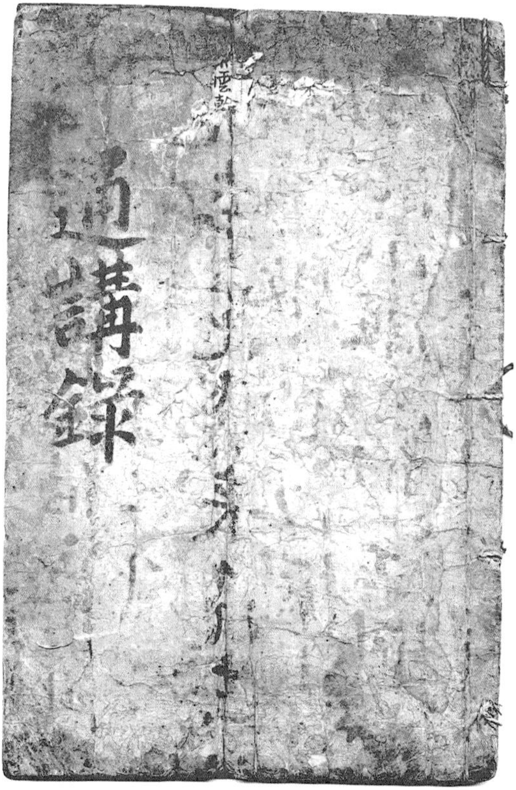


● 연경서원 통강록(학적부)
학생명단, 교육과목, 출결, 평가 등이 기록되어 있다.(1605)

이런 사실은 대개의 사원들의 문중의 선현을 모시기 위한 공간에 교육 목적을 부수적으로 부가하는 것에 비해 연경서원은 문중의 인물이 아니라 성리학의 발전과 유림 전체의 강학공간의 건립을 위해 힘쓴 사람들을 총망라하여 기리기 위한 공간이었음이 그 차이점이다. 퇴계 선생의 지적이 참으로 명확하다.

일찍이 생각하건대, 지금의 학교가 도처에 두루 있으니 여기에서 유留하고 거居하면 족할 것이다. 무엇 때문에 서원에서 이같이 간절히 추구하려고 하는가? 그것은 학사의 행정에 구속되지 않고 오로지 '우리 학문'에 전념할 수 있기 때문이 아니겠는가? 그렇다면 고을의 사람들이 협력하여 크게 이 서원을 지은 것이 어찌 공연한 일이겠는가?

인지당, 수방재, 경타재, 보인재, 시습재!

그 이름만 들어도 가슴이 뛰는 서재의 모습을 상상해 본다. 그 뜻을 자세히 들여다보면 더더욱 그러하다. 이런 고귀한 뜻을 간직한 연경서원이 사라지고 없다. 1750년 즈음에 제작된 것으로 추정되는 '해동지도' 대구부에 일부 기록이 남아 있기는 하나 자세하지 않다. 그저 팔공산 끝자락 하단부라는 기록뿐이다. 영조 때 통판인 대구부사 이상진의 「연경서원 이건기」에도 이렇게 기록되어 있다.

"부府의 관아에서 20리 되는 거리에 바위가 우뚝 솟아 있어 화암畫巖이라고 한다."

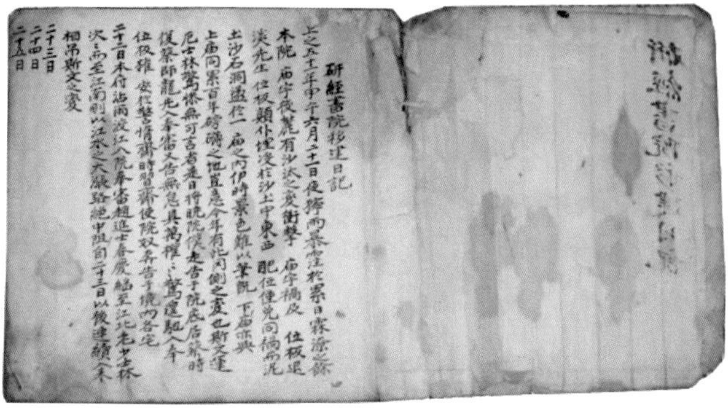

● 연경서원 이건일기

「연경서원기」의 중간 부분에도 서원의 위치가 자세하게 기록되어 있는데, 문어체의 장광한 표현이 직접적인 기록의 의미와는 다소 거리가 있다. 또 「서이대용연경서원기후」에 "달성부 사람들이 부의 북쪽에 있는 연경리 화암에다 서원을 지었다."는 기록이 있다.

그러나 이후에 발행되는 모든 문서, 즉 경상도 대구부지도와 대동여지도, 영남읍지에서도 찾아보기가 힘들다. 철저하게 사라져 버린 것이다. 막연하지만 실낱같은 추측은 대구 연경지구 택지개발사업 부지 내 문화재 지표조사의 보고서에 지금의 동구 지묘동 산79번지에 이황 선생의 매표埋標, 위패를 묻은 곳으로 추정라 추정할 수 있는 폐묘 비슷한 무덤이 있다는 사실을 어른들에게 확인한 정도라는 것이다. 전혀 확인되지 않은 사실로 희망고문에 가까운 소리였다. 이어 이상진은 연경서원의 역할에 대해 이렇게 기록하고 있다.

> 그 본래의 기능은 학자들이 경전을 연구하며 토론하고, 시서(詩書)와 육례(六禮)의 글을 강학하고, 제향의 절차를 밝히고, 승강부앙(昇降俯仰, 오르고 내림, 아래를 굽어보고 위를 우러러 봄 등의 작은 예절)의 의식을 익히는 데 있다. 이목(耳目)을 밝혀 심체(心體)를 편안하게 하여 그 일을 이름에 이르러서는 가정을 꾸리고 나라를 다스리는 법과 길흉군빈가(吉凶軍賓嘉)의 오례(五禮)의 실체가 마음속에 찬란하지 않음이 없음이, 집에 거할 때에는 효를 다하고, 임금을 섬김에 그 충을 다하니 이것이 그 실제이다.

더 이상 어떤 설명이 필요한가. 시대만 바뀌었고 내용의 표현이 다소 진부할 뿐이지만 우리가 추구하는 모든 가치가 총체적으로 함축되어 있다. 시대가 변한다고는 하지만 본질까지 변질되는 것은 아니다. 우리가 선비정신을 통해서 구현하고자 하는 아름다운 현실이 결코 가벼운 것이 아닐 뿐만 아니라 결국에는 아름다운 사회와 더불어 사는 세상이 아닌가 말이다. 어떠한 위정자도 결국 치적에는 이런 결론에 도달함이 마땅한 일이었다. 유려하고 휘황찬란한 언어의 잔치로 백성을 현혹하게 하는 것이 아니라 담백하고 직설적인 언어로 그들의 가슴 속에 그대로 가닿는 언어 구사로 백성을 위하고자 했다. 그러기 위해서는 나날이 마음을 닦는 공부를 하고 어떠한 현실에서도 흔들리지 않는 맑고 깨끗하고 편안한 마음을 갖추고자 노력했던 것이다.

연경서원은 그런 서원이었다. 그런 서원이 지금은 없다.

퇴계 이황 선생은 「서이대용연경서원기후」란 글에서 이런 글을 남겼다.

> "대저 몰라서 하지 않는 것은 그 사람의 죄가 아니나 알고서 하지 않는 것은 그 앎이 참된 앎이 아닌 것이다. 행하면서 스스로 힘을 다하지 않는 것은 자기를 버리는 자에 포함되고, 힘쓰되 사사로운 견해를 고집하는 자는 도를 해치는 자와 다를 바 없다. 이름을 피해 남에게 양보하는 사람은 스스로 못난 사람의 무리에 처하는 것이요, 근심을 두려워해서 하류 인간에 처하기를 달게 여기는 사람은 거짓으로 술 취해 주정하는 무리와 같다."

지금은 연경서원이 없다. 그러나 대구의 모든 사람의 가슴 속에 그 어느 웅장한 건물보다 크게 자리 잡고 있다. 나는 늘 그 기운을 느끼며 산다. 연경서원의 중건을 발원하는 마음과 그 성취와 결실을 향한 의지를 다시 다잡으며, 이 글을 항상 머리말에 두고 지침으로 삼고자 한다.

# 역사는 흐르고 구른다

## 도동서원과 한훤당 김굉필

"도(道)라는 것은 겨울엔 갖옷 입고 여름엔 얼음 마시는 것인데
날 개면 가고 비 오면 그치는 것을
어찌 전능(全能)이라 하겠는가
난초도 속된 것을 좇아 결국 변한다면
어느 누가 소는 밭을 갈고
말은 사람이 타는 것이라고 믿을 수 있겠는가?"

한훤당寒暄堂 김굉필1454~1504은 자신의 스승을 신랄하게 비판하는 시를 이렇게 썼다.

"분수에 맞지 않게 공경대부 높은 관직에 올랐지만
내가 어찌 임금을 보필하고 세상을 바로잡는 일을 해낼 수 있을까?
그대 같은 후학(後學)들이 나의 허물과 어리석음 조롱하지만
구차하게 권세와 이익을 따르지는 않네."

대놓고 자신을 신랄하게 비판하는 풍자의 시에 스승인 점필재 김종직1431~1492의 심기가 편할 리 없었을 것이다. 스승 김종직은 이에 화답하는 한 편의 시를 지어 보내면서 자신의 심정을 대변했다. 절대권력의 군주를 모시면서 세상을 모든 백성이 원하는 대로 이끌어가는 일이 말처럼 쉽지 않다는 사실을 고백하면서, 자신은 개인적인 권세와 이익만을 따르는 것이 아님을 변명, 아니 변호, 아니 제자를 다독였다.

스승은 옳았다. 훈구와 사림의 총성 없는 전쟁에서, 그러나 강물 같은 피가 흘렀다. 권력을 쟁취한 쪽은 승리자였고, 패한 무리들은 역사의 뒤안으로 억울하고 비참하게 사라져갔다. 스승은 옳았다. 왜 자신이 스승의 제자가 되고, 그런 혜안을 무시하지 못하여 자신 역시 역사의 소용돌이에서 희생물이 될 수밖에 없었음을, 그리하여 후세의 정당한 평가는 물론 그 위대한 정신이 어떻게 물려져 왔는가를 당당하게 증명했으니 말이다.

김굉필은 성격이 호방하여 세사에 구속받기를 싫어한 호탕한 성격으로 알려져 있다. 젊은 시절에는 성질을 참지 못해 돌아다니며 사람들을 구타한 방종한 인물로 기록에 남기도 했다고 한다. 그러나 뒤늦

• 다람재에서 본 도동서원

게 소학에 입문하면서 뜻을 세워 학문에 정진하기 시작했다. 나이 삼십을 지나면서 비로소 소학 외의 책과 육경을 공부하며 진정한 학문에 입문했다. 『소학』은 중국의 사상가 주희의 가장 기본적인 정치 철학서인 동시에 조선시대의 교육입문서라 할 정도의 교과서이며, 육경은 『시경』, 『서경』, 『예기』, 『악기』, 『역경』, 『춘추』 등 사람이 좇아야 할 도리를 설파한 여섯 가지의 경서를 이르는 책이다.

한훤당은 평생 『소학』의 중요성을 강조하여 모든 학문의 입문이며 기초인 동시에 인간교육의 절대적인 원리가 담긴 책임을 역설하였다. 그 자신 일생 동안 『소학』을 손에서 놓지 않고 스스로 소학동자小學童子라 자칭하였다. 여기서 느끼는 바, 집념이 교학적이면 독단의 사단을 낳을 수도 있지만 그는 스스로 실천했다. 이런 지점이 매우 중요하다. 그 당시는 여덟 살이면 누구든 『소학』을 배우는 것이 통례였다. 그는 『소학』을 통해서 자신의 삶을 구현하려고 했다. 이런 실천적 자세를 스승인 김종직은 높이 평가했다. 이후로도 조광조趙光祖·김안국金安國·이황李滉 등 도학실천道學實踐을 중요시한 선비들이 『소학』의 가치와 중요성을 강조하였다.

기본적인 예절, 인간의 상식, 공동체에의 헌신, 가치의 동반상승, 이런 말들이 오늘날 존재하기는 하는가? 나는 늘 물음표에 머물고 있다. 기본은 아무리 강조해도 지나침이 없는 법이다.

김굉필은 김종직에게 수업을 받은 사람이었다. 그의 행동과 실천은 오로지 일상적이었다고 한다. 항상 의관을 정제했으며 부인 외에는 여

● 도동서원 담장

색을 가까이하지 않았다고 한다. 매일 『소학』을 읽어 밤이 깊은 뒤라야 잠자리에 들고 닭이 울면 일어나는 생활의 반복이었다. 사람들이 국정에 관해 물으면 언제나 『소학』이나 읽는 동자[小學童子]가 어찌 큰 도리를 알겠냐고 겸손하게 반문했다고 전해진다. 아무리 열심히 공부해도 천리를 알지 못했는데, 『소학』을 읽고 나서 비로소 자신과 학문에 대해 깨달았다는 사실은 그 상징하는 바가 무척이나 크다고 할 수 있다. 이를 본 점필재는 이것이 곧 성인이 될 수 있는 바탕이라고 엄숙하게 칭찬한 것이다.

이후로 그는 많은 책을 읽으며 학문을 가꾸어 나가면서 열심히 후진 양성에 힘을 쏟았다. 문하생들 모두가 스승처럼 재주가 높고 행실이 스스로 밝아서 나이가 들수록 덕은 더욱 높아졌다. 그런 과묵한 그가 그런 시를 써서 스승의 면전에 대든 것이다. 사람들은 알고 있었다. 그의 성정에 비추어 스승이 높은 관직에 있음에도 시원한 해결책을 제시하지 못하고 중립적인 입장에서 머뭇거리는 것처럼 보이자 그런 시를 지어 비판한 것이다.

도동서원 앞 큰 은행나무는 조식과 이황의 문인으로 김굉필의 외증손이 되는 한강寒岡 정구鄭逑, 1543~1620 선생이 심었다고 한다. 사람들은 이 나무를 '김굉필 나무'라고 부른다고도 한다. 지금으로부터 400여 년 전의 일이다. 시간은 무상해도 역사는 남는 법이라, 숙연해진다. 여기서 우리는 정구 선생의 역할에 대해 짚고 넘어가야 할 필요가 있다. 그분들이 행한 인생의 역정이 정구 선생에게서 그 결실을 맺고 있

• 김굉필 은행나무

기 때문이다. 그러나 역사는 지속적으로 진행되지만, 정구 선생의 됨됨이를 짚어보는 것도 도동서원의 역사를 짐작하기에 도움이 되기 때문이라는 판단이 들어서이다. 간략하게 짚어본다.

"한강 정구는 일곱 살 때부터 『논어』와 『대학』의 대의를 깨우쳐 신동으로 소문이 자자하였다. 1555년(명종 10년) 무렵에는 5촌 이모부인 오건(吳健)에게 역학을 배웠는데, 시간이 되지 않아 건(乾)·곤(坤) 두 괘(卦)만 배우고도 나머지 괘는 스스로 유추해 스스로 깨달았다 한다.
1563년에 이황(李滉)의 문하에 찾아가 스승으로 글을 배웠고, 1566년에 조식(曺植, 1543~1620)을 뵙고 스승으로 삼아 그의 문하에도 출입하며 글을 배웠다. 또한 얼마 뒤에는 대곡 성운(成運)을 찾아가 그의 문하에서도 수학했다. 당대의 삼현인 퇴계, 남명, 대곡한테서 학문을 익혔으며 과거를 통해 벼슬에 나아가려고 하지는 않았지만, 일단 추천을 통해 벼슬길(창녕현감, 안동부사 등)에 나아가서는 유학의 통치이념을 실천하였다. 임진왜란 때는 구국활동으로, 임란 후에는 지역사회 정비 등 전후 사회적 안정을 도모하는 데 노력하였다.
한강 선생은 300명 이상의 경상좌우도의 유림, 학자들과 함께 한 대구 금호에서 동래까지의 45일간의 낙동강 여정, 봉산욕행 등에서 알 수 있듯이 경(敬)을 중시한 퇴계 선생의 학문과 의(義)를 중시한 남명 조식 선생의 학문을 통섭하여 경의협지(敬義夾持)의 사상을 실천한 조선 후기의 대표적인 성리학자로서 대구의 문풍을 진작시키고 대구를 사상과 철학의 성지로 자리매김하였다."

조선시대의 서원은 사림의 교육, 교화기구인 동시에 대표적인 향촌 운영기구였다. 서원 설립 주체인 사림은 조선왕조 개창을 둘러싸고 재야세력으로 밀려나는 계열의 후예들로 이들은 향촌에 내려가 교육과 향촌건설에 주력하였는데, 서원제도의 성립은 이러한 사림세력들의 향촌지배체제 확립을 위한 노력의 결과로 나타난 제도라고 할 수 있다.

사림세력이 향촌사회의 구심점을 서원으로 바꾼 것은 여러 가지 이유가 있다. 첫째로는 서원 자체가 교육기관으로써 훈구파의 견제를 어느 정도 피할 수 있다는 점, 이는 사림세력 자체를 위한 불가피한 선택이었다. 즉 서원은 교육과 교화를 표방함으로 정치적 반대세력으로부터 견제를 명분으로 방어할 수 있었기 때문이었다.

초창기의 서원은 강학講學이 일차적 목적과 더불어 존현尊賢 또한 중요한 기능이었다. 초기에는 배향 인물의 선정에 있어서도 많은 신중을 기하였다. 이후 사림이 정권을 장악하게 되는 선조 대에서는 명종 대의 불합리한 제약에서 벗어나 본격적인 발전을 보게 되는데, 그때에 이르러 배향 인물도 김굉필金宏弼 정여창鄭汝昌 이언적李彦迪 등 사화기에 화禍를 입은 인물, 이황李滉 이이李珥 조식曺植 등 학파의 영수 등 성리학 발전에 크게 기여한 인물로 확대되었다. 당시 사림들은 서원의 배향 인물을 통해서 그들의 도학적 정통성을 천명함으로써 자신들의 정치적 입장을 일정하게 강화하고자 하였던 것이다.

사람의 모든 행동은 정치적이라는 말은, 최소한 고래로부터 형성된 불문율의 가치라고 생각된다.

한훤당寒暄堂의 뜻도 생각해 본다. 한寒은 '추울 한寒'이고, 훤暄은 '따뜻할 훤暄'이다. 나는 그의 당호에서 이미 그의 인생을 지배할 운명을 짐작했다. 인생은 본인의 생각과는 다르게 흘러간다. 본인의 생각대로 흘러간다면 더없이 좋을 일이겠지만 말이다. '추위와 더위'를 뜻하는 '한훤寒暄'은 계절의 순환과 같은 자연의 변화와 조화를 상징하는 성리학적 우주관을 담고 있다고 해석함이 좋을 듯싶다. 그는 그의 당호堂號처럼 산수山水 좋은 곳에 작은 서재를 짓고 계절과 자연의 순환의 섭리에 따라 수양하고 연마하며 후학을 가르치는 도학자道學者의 삶을 살려고 했을 것이다. 그러나 스승은 알고 있었다. 이미 그가 그러하지 못할 운명임을 말이다.

그는 1498년연산 4, 훈구파 세력이 김종직이 생전에 지은 '조의제문弔義帝文'을 문제 삼아 무오사화를 일으켜 사림을 탄압하자 김굉필 역시 '김종직의 제자로 붕당朋黨을 만들어 서로 칭찬하고 임금의 정치를 비난하거나 시국을 비방했다'는 죄를 뒤집어쓰고 곤장 80대의 형벌에다 평안도 희천熙川으로 유배당하게 된다. 1500년연산 6에는 순천順天으로 배소가 옮겨졌으나 그것도 잠시였다. 무오사화에 이어 또 일어난 갑자사화甲子士禍로 운명의 기로에 서게 된다. 그는 처음에 왕명을 듣고 나서는 목욕재계한 후 관대冠帶를 하고 나오면서 신색神色에는 조금의 변함이 없었고 우연히 신발이 벗겨지자 당장 바로 고쳐 신고 손으로는 수염을 골라 입에 가지런히 물고 조용히 말했다고 한다.

• 수월루

"몸과 머리털과 피부 모두 부모로부터 받은 것인데 이렇게 상傷하게 함은 옳지 않은 일이다."

사약을 받았다는 기록과 혹은 효수형에 처해졌다는 기록도 있어 그 정확한 정황은 확인할 수 없다.

서원으로 들어가면 외삼문과 누각이 보인다. 누각의 이름은 수월루, 물 위에 비친 달빛으로 글을 읽는다는 뜻인데, '풍류'와 '의지'의 깊은 뜻이 함께 읽힌다. 수월루는 도동서원이 지어진 시기보다 훨씬 뒤

인 철종 6년1855에 증축했다고 한다. 수려한 외형과는 다르게 수월루로 오르는 계단은 비좁고 가파르다. 헤아려 보니 배우려는 자세에 있어 겸손하게 임하라는 것이라고 한다.

본관에 해당하는 강당으로 들어가면서 환주문喚主門을 통과한다. '환주喚主'는 '내 심성의 주인공主, 그 근본을 찾아 부르라'는 뜻으로 해석할 수 있겠다. 불교에서 말하는 '수처작주隨處作主'의 의미와 일맥상통한다고 생각했다. 그러나 나는 다른 뜻으로 해석하고 싶었다. '무엇으로 하여금 너를 이 자리에 있게 하는가', 이렇게 말이다. 그러나 선현들의 깊은 뜻을 제대로 헤아릴 길은 없다. 다만, 통하길 바랄 뿐, 깊은 것은 스스로 만난다고 하지 않았는가, 그렇게 생각했다.

강당 앞마당 좌우에는 동재와 서재인 '거인재居仁齋'와 '거의재居義齋'가 대칭을 이루며 마주보고 있다. 공부하고 휴식하는 공간들의 각각의 의미들을 많이 보아왔지만, 강직한 한훤재의 성격을 대변하는 것 같아 참으로 의미가 있게 다가오는 것 같았다. 쉬는 것도 공부라는 말을 그는 알고 있었던 것이다. 잠시도, 작아도, 모든 것이 학문이 될 수 있다는 말이 아닌가! 인仁과 의義가 공존하고 대립하는 형상으로 그렇게 이름을 명명한 그 감각이 시대를 초월하는 고유한 가치로 다가온다.

환주문을 통하면 담장들이 열병을 기다리고 있다. 진흙을 쌓아 올리면서 사이사이에 여러 개의 석재와 기와를 넣어놓았다. 전체를 조망하는 미적 감각이 없으면 도저히 시도할 수 없는, 당시에는 파격적일

• 환주문

'주인을 부르는 뜻의 환주문' 문이 작고 낮아 유생들이 고개를 숙이고 출입하였다.
경건과 겸손을 배웠다고 한다.

정도의 도전적 표현으로 가득하다. 아마도 새롭게 사용한 것은 아닌 듯한, 쓸모가 없어 버려지는 듯한 암키와와 수막새를 주워와 장식을 한, 비록 그렇지 않더라도 그 순발력과, 감각에, 고개가 저절로 끄덕여진다.

강당인 중정당 역시 보물로 지정된 건축물이라고 한다. 중정당을 보면 특이한 점이 눈에 띈다. 다른 서원의 강당보다 유난히 높은 기단 주관적 판단이다. 유독! 그러나 너무나 정갈한!과 기둥의 하얀 띠! 중정당 기둥 위에 둘러싼 하얀 한지는 이곳에 모신 분이 문묘에 배향된 위인들보다 조금 단계가 높은 분이라는 것을 멀리서도 알 수 있도록 한 것이라고 한다. 배려치고는 씁쓸하지만 위상에 대한 예우 정도로 생각하면 그럴만도 하다는 생각이 든다.

석축의 4개의 용머리 장식도 눈에 띈다. 모두 여의주를 물고 있고 눈에 툭 튀어나온 게 무척이나 해학적이다. 흔히 알고 있듯 수마와 화마의 침범에서 사원을 보호하려는 의미라고는 하지만, 이것은 엄연히 따지자면 성리학적 측면에서는 어울리지 않는 해석이다. 이것의 의미는 바로, 예가 아니면 보지도, 듣지도, 말하지도, 움직이지도 말라는 공자의 네 가지 가르침을 담고 있는 것이라고 한다. 이런 설명이 훨씬 현실적이고 적당하기도 하다.

또한 한훤당의 기질과 행동은 학문에 있지 않았음이 분명하다. 후세의 추측과 인접 인물과의 교류를 통한 인간관계에서 비롯된 증명이 전부라고도 할 수 있다. 그러나 그의 저술을 통한 내면적인 학문세계에 대한 궁극적인 문제가 대두될 수도 있겠지만 아쉽게도 무오사화 이후 대부분의 저서는 불에 태우고 단지 집안에 전해 내려오는 시 10편이 남아있을 뿐이란다. 어찌 보면 후대가 그를 평할 문집 하나 제대로 남아 있지 않지만 누구도 시비를 걸지 않는 걸 보면 그의 학풍은 대단했는가 보다.

사람은 어떤 말을 하느냐가 아니라 어떤 일을 하느냐, 그리고 어떻게 죽음을 맞이하느냐로 판단할 수 있을 것이다. 자신과 일가의 몰살을 무릅쓰고 그들이 충언하고 추구했던 가치는 과연 무엇이었을까, 과연 그대로 실천이나 했는가, 중앙정치의 변방에서 들러리는 아니었을까, 중재자였나, 기회주의자였나, 판단은 어려운 일이다. 그러나 김굉필은 정적들에겐 지독한 적이었지만 그의 뜻을 따르는 후학들에겐 이론을 능가하는 위대한 실천가였다. 뜻이 있으나 결기를 세우지 않

• 중정당

● 보물 제350호 도동서원 중정당
퇴계 이황의 글씨를 집자해서 만든 도동서원 편액

았음에도 휩쓸릴 수밖에 없었던 것은 그의 가능성이 너무나 무궁했고, 뜻이 멀기에 정적들은 애초 그 싹을 자르려 했을 것이다. 나무는 가만히 있으려 하나 바람이 그치지 않는 것은 이유이리라.

돌이켜 보건대, 당시 오직 출세를 위한 학문을 익히는 풍조에 비해 한훤당을 비롯한 앞뒤의 석학들이 보인 성리학의 근본 철학인 도학으로의 열린 자세 때문인지는 몰라도 그를 따르고 믿는 선비들이 시대정신을 지배할 정도로 많았음은 확실했다. 무오사화를 거치면서 직계 제자인 조광조를 비롯해서 강호의 많은 인물들을 만나게 되는 행운을 누리기도 하지만 결국 갑자사화를 거치면서 죽음을 맞게 되는 비운의 인물이다. 그러나 그의 학풍을 따르던 선비와 제자들에 의해 세월이 흘러 명예를 회복하고 '동방오현'으로 추앙받게 되는 것은 당연한 결과임이 분명하다.

물론 그렇다. 학자들의 입장에서 바라본 학문의 깊이에 있어서 한훤당은 정여창이나 이황, 김종직에 비길 바는 아니었다는 평가다. 그랬음에도 그가 동방오현東方五賢의 첫머리에 오는 것은 그의 변함없는 지조와 흔들림 없는 비장한 죽음이 남긴 인상이 워낙 강렬했기 때문이다. 그가 남긴 책들이 사후 모두 불태워져 지금 그의 학문 세계와 철학에 대해 접할 길은 없지만 그는 성리학의 흐름에서 가장 중요한 인물로 평가받고 있다.

도동서원은 이 깐깐하고 저돌적이며 강직했던, 그리고 조선 후기 모든 선비들이 가장 높게 떠받들었던 선비에게 바치는 서원이다. 그런

● 한훤당 김굉필 신도비

인물을 기리기 위해 뜻을 모으고 건물을 지은 후학들의 정신에서 나온 결과물의 정수精髓라 말할 수 있다. '성리학의 도道가 동으로부터 왔다'는 도동道東이라는 서원의 뜻이 이 우직하고 강직했고 실천적인 인물에 대한 사림들의 존경과 자부심을 그대로 담고 있다.

한훤당에 대한 평가는 어찌 보면 박할 정도로 냉혹하다. 뛰어난 학술적 문헌은 남기지 않았고무오사화 이후 모두 불태워졌으므로 그 진위는 판명할 수 없음, 왕과 조정에 대해 가혹한 비판도 없으며, 관직도 높지 않았으므로, 선비로서의 날카로움과 유려한 논설로 후세를 감명케 한 명문장도 없는 선비로 기억될 수도 있다.

그러나 대안을 제사하여 혼란을 초래하는 성급한 언사보다는 행동으로 실천하는 선비의 자세가 필요한 시대가 있었을지도 모른다. 인내심의 시절이 필요하여 침묵이 곧 실천임을, 후대의 축대를 쌓는 일을 누군가는 해야 할 일일지도 모를 일이었다. 다만 그 깊은 뜻을 오래 펴지 못했음이 아쉬울 따름이다. 과문寡文과 묵언默言은 웅변雄辯과 처세處世의 대척점에 있었다.

그의 나이 51세였다.

# 선비정신의 체득을 향한 소박한 여정 1

## 도산서원과 청량산, 퇴계 이황의 향기(香氣)

### 보이지 않는 색깔, 맡을 수 없는 향기

퇴계를 이야기하는 것은 쉽고도 또한 어려운 일이다. 그의 삶과 학문이 너무나 광범위하게 일상에 스며있어 우리는 그 존재를 공기와 같은 것으로 인식하고 있는지도 모른다. 다만, 모를 뿐이다.

이기일원론을 우리가 알 필요는 없다. 이기이원론을 우리가 생활에 필요한 교훈으로 삼을 필요는 더더욱 없다. 다만 우리는 그들이 설파하고 관찰한 지혜에서 결코 벗어나지 않는다. 많은 시대를 거쳐 그것이 진리로 증명되고 끊임없이 호출되기 때문에 그 근원에 대한 궁금증을 굳이 찾으려 하지 않을 뿐이다. 안타까운 현실이지만, 그래서 더욱 차가운 현실이다.

존재의 의미를 지금은 누구도 탐구하지 않는다. 그러나 궁극에는 결국 자기를 돌아보게 된다. 도산서원에 가면 그런 생각이 절실히 든다. 아니, 도산서당이라고 표현하는 것이 적절한 표현이리라.

도산서원은 퇴계의 혼이 서린 성지다. 단언컨대, 그 영향력에서 벗어난 사람은 아무도 없다고, 나는 말한다. 퇴계의 행장行狀과 그의 사상의 핵심을 간단하게 짚고 넘어가는 것도 나의 행보를 지탱하는 근거가 되리라 싶다. 사실은 그의 사상이 너무도 깊고 넓어 애초에 거론하는 그 자체가 실로 가당찮은 일일지도 모른다.

그가 주창한 이기이원론적 주리론理氣二元論的 主理論은 이理, 사단四端로, 기氣, 칠정七情를 다스려 인간의 선한 마음을 간직하여 바르게 살아가고, 모든 사물을 순리로 운영해 나가야 한다는 사상을 말한다.

사단四端은 이理를 지칭한다. 타고난 본성을 말한다.

그것은 곧 측은지심惻隱之心, 불쌍히 여기는 마음, 사양지심辭讓之心, 양보하는 마음, 수오지심羞惡之心, 부끄러워하는 마음, 시비지심是非之心, 옳고 그름을 판단하는 마음을 말한다.

칠정七情은 기氣를 지칭한다. 기질의 본성을 말한다.

희喜, 즐거워함, 노怒, 노여워함, 애哀, 슬퍼함, 구懼, 두려워함, 애愛, 사랑함, 오惡, 미워함, 욕欲, 욕심을 부림이 바로 그것이다. 인간의 양면성, 혹은 다면성, 나아가 본질을 함축적으로 표현한 참으로 상징적이고 적절한 표현이 아닐

● 도산서원 전경

• 도산서원 서당 영역과 서원 영역을 이어주는 계단식 진입로

수 없다.

보라, 이 논리에서 벗어날 사람이 과연 그 누구인가.

그 반대편에는 율곡 이이의 주기론이 있다.

이이는 보편적인 이理는 만물에 동일하지만 기氣의 차이로 인해 사물의 특성이 제각각 다르게 나타난다고 생각했다. 상대적으로 기를 강조하는 입장이었다. 이理와 기氣가 다르기는 하지만 이를 우위에 놓기보다는 그들의 조화를 강조하였다. 다른 듯 비슷한 듯, 그러나 심성을 향한 날카로운 시선은 별 차이가 없다. 우리가 성선설과 성악설을 두고 다투는 것과 다름없다. 닭이냐 달걀이냐의 차이일 수도 있을 것이다. 무례하다, 나의 무식이여!

이런 생각을 하며 서원으로 향한다.

도산서원은 건축물 구성면으로 볼 때 크게 도산서당과 이를 아우르는 도산서원으로 구분되어 있다. 도산서당은 퇴계가 몸소 거처하면서 제자들을 가르치던 곳을 말하고, 도산서원은 퇴계 사후 건립이 되어 추증된 사당과 서원을 말한다. 역사적인 의미도 의미지만, 그 근원을 알면 도산서원의 이해에 많은 도움이 되리라 생각한다.

• 도산서당

도산서당은 1561년명종 16에 설립되었다고 한다. 퇴계가 낙향 후 학문연구와 후진 양성을 위해 지었으며 서원 내에서 가장 오래된 건물로 선생이 직접 설계하였다고 전해진다. 이때 유생들의 기숙사 역할을 한 농운정사와 부전교당속 시설인 하고직사下庫直舍도 함께 지어졌다고 한다. 도산서원은 퇴계 사후 6년 뒤인 1576년에 완공되었다. 1570년 선생이 유명을 달리하자 1572년에 선생의 위패를 상덕사보물 제211호에 모실 것을 결정하여 2년 뒤 지방 유림의 공의로 사당을 지어 위패를 봉안하였으며, 그와 동시에 전교당과 동·서재를 지어 서원으로 완성했다. 눈밝은 스승과 제자들의 생각과 행동은 시공을 초월한다. 텔레파시는 그 어느 시대의 용어였을까, 표현되지 않았을 뿐, 그런 것은 분명히 존재한다는 사실을 아는 기쁨, 혹은 미루어 짐작하는 여유, 공부와 탐색은 멀고 먼 길이다.

• 시사단

1575년선조 8에 한석봉이 쓴 '도산서원'의 편액을 하사 받으면서 사액賜額서원으로서 영남유학의 총본산이 되었다. 1615년에 사림이 조목趙穆을 종향從享했고, 1792년 정조 임금이 치제致祭를 내리고 도산별과陶山別科를 시행하였다. 정조 20년인 1796년에 시사단試士壇을 세우고, 1819년에 장서고藏書庫인 동광명실東光明室을 건립하였다. 1870년에 이르러 그 서슬 퍼런 대원군의 서원철폐령에서 제외될 만큼 가치를 인정받았다, 1930년에 서광명실西光明室을 증건했고, 1932년임신년 하고직사下庫直舍로 이건하였다.

위의 기술은 누구나 알고 있는 역사적 진실이다. 그러나 나의 관심은 그 다음이다. 겉은 충분히 이해하였으니 과연 그 속에 숨어 있는 깊은 뜻은 무엇인가. 그것을 관찰하는 과정이 나로서는 무척 재미있는 수업이었다. 나만의 방법으로 서원의 향기를 만끽하는 것이다. 공부는 배움을 받지만 결국은 자신만의 지식으로 내면에 적립되어야만 자신의 지식이 된다. 통장의 돈은 복리가 될 때 가치가 스스로 형성되어 나중에 존재를 드러낸다. 물욕은 나쁜 것이 아니다. 정당할 때만. 지식의 물욕은 한계가 없다.

악마는 디테일에 있다고 했다. 상징은 상상력을 낳는다. 그런 상상력이 생각하는 힘을 기르는 자양분이 된다. 여행과 관광은 천지 차이라는 걸 말하고 싶다. 그것은 노동과 운동의 차이라고 해도 지나친 표현은 아닐 것이다.

사진_이인미

• 전교당

## 침잠(沈潛)하는 묵향(墨香) 속의 나그네

전교당은 유생들을 가르치던 강당 겸 교실이라고 한다. 이 전교당은 건물의 좌측에 남북으로 이어진 두 칸짜리 방으로 원장과 유생들이 함께 거처하는 온돌방으로 구성되어 있다. 방 바깥 마루 쪽에 '한존재閑存齋'라는 편액이 걸려 있다. 한존재, 여유가 있는 집이라는 뜻이다. 공부에 집착하더라도 마음에 여유가 없으면 온전하게 자기의 지식으로 받아들일 수 없다는 경계의 뜻으로 읽힌다.

전교당 앞의 동재와 서재는 그 이름이 '박약재博約齋'와 '홍의재弘毅齋'다. 박약은 박문약례博文約禮의 준말로 '학문은 넓히고 예절은 지킨다.'는 뜻이라 한다. 홍의는 '마음은 넓고 뜻은 굳세게'라는 뜻이라 한다.

광명실은 책을 보관하는 서고다. 광명은 "만 권의 서적이 나에게 광명을 준다[萬卷書籍惠我光明]."는 글귀에서 인용했다고 한다. 광명실이라는 글씨는 퇴계 선생의 친필이다. 광명실이 동서 양쪽으로 있다는 것은 도산서원에 책이 그 만큼 많다는 증거다. 공부의 열기와 그 정성이 그대로 전해져 온다. 이곳에는 1,217종 4,017권의 책이 보관되어 있다고 한다. 동광명실은 1819년에 세운 건물로, 역대 왕이 하사한 서적과 퇴계 선생이 친히 보던 수택본手澤本이 보관

• 광명실

되어 있다. 서광명실은 1930년에 중건된 건물로, 퇴계의 제자와 유학자들의 문집이 보관되어 있다. 이 중 퇴계의 수택본은 퇴계의 사상과 고전 해석을 이해하는 데 아주 중요한 자료다. 직접 만지고 읽어보지 못하는 현실적 한계와 짧은 지식을 한탄한다.

묵향墨香에 침잠沈潛한다. 서책의 곰팡이 냄새가 이리 좋은 건 내가 아직도 많이 부족하기 때문이다. 자책과 더불어 마음을 다잡는다. 껍데기가 아니라 고전古典의 속살을 보기 위해 무던히 노력해야 하리라.

소나무 숲이 보이는 천광운영대天光雲影臺에서 잠시 걷기를 멈춘다.

퇴계는 서원 경내를 중심으로 양편 산기슭이 절벽을 이룬 동쪽을 천연대天淵臺, 서쪽을 운영대라고 명명했다. 『시경詩經』에서 그 뜻을 빌렸다고 한다.

천연대는 "솔개는 하늘 높이 날아오르고, 물고기는 연못에 뛰노네[鳶飛戾天 魚躍于淵]."라는 시에서 발췌하고, 운영대는 "하늘의 빛과 구름 그림자 함께 돌고 돈다[天光雲影共徘徊]."는 문장에서 빌려온 것이라 한다. 온갖 자연현상과 삼라만상의 모든 역동적인 실물들을 고루고루 집적하여 표현한 것이라 짐작된다. 무엇 하나 허투루 지나침이 없다. 모든 것에 의미를 부여하고, 부여된 의미는 그대로 그 뜻을 명료하게 실체를 드러내어 보고 듣는 이로 하여금 잠시도 방심하지 않게 다그친다.

놀라운 사실은, 자료를 보면 퇴계의 학풍을 계승한 유학자가 260여 명에 이른다고 한다. 퇴계의 문하에서 성리학을 공부했던 조호익曺好益: 1545~1609은 『퇴계선생행록退溪先生行錄』에서 퇴계를 주자 이후 제1인

자라고 표현했다.

그의 주장은 이러하다.

"주자가 세상을 떠난 뒤 도道의 정맥이 중원 땅에서는 이미 끊어졌다. 수백 년 후 퇴계가 나타나 박약博約과 경의敬義를 통해 주자의 도를 제대로 전했다. 동방에서 뿐 아니라 중원에서도 그와 비교할만한 사람이 없다. 그러므로 퇴계는 실로 주자 이후 제1인자다."

대체 퇴계의 한계는 어디까지인가? 나는 그것을 세상과 사람을 향한 끊임없는 애정이라고 생각했다. 인간의 한계를 뛰어넘는 오직 한 가지의 방법은 공부뿐이라는 사실을 그는 직감했음이 분명했다. 물론 현실의 한계를 돌파하기 위해서는 출사出仕하여 자신의 뜻을 펼치기 위해 조정에서 많은 권신들과 반대편의 학자와의 싸움은 피할 수 없는 운명이었을 것이다. 그러나 왕조의 시대는 그 한계가 뚜렷함을 그는 일찍 간파했음이 분명하다. 그는 그 너머를 직시하고 있었을 것이다.

중요한 것은 그 정신이 이 시대에까지도 유효하다는 것이다. 인문학의 부흥을 바라는 많은 사람의 갈증과, 그리고 시대적인 문제와 고민을 해결하기 위해 불철주야 노력하는 많은 사람이 그 어려움에도 불구하고 헌신하고 있다는 사실이다. 그런 실질적인 예가 바로 후대의 학자인 성혼, 이익 등에게도 전해져 실학의 토대가 되기도 했다. 이익은 사상의 토대인 실학의 입장에서도 그의 정신을 올바르게 평가하여 퇴계를 성인의 반열에 올려놓았다. 그리고 정약용은 후일 퇴계의 편지를 읽으며, 『도산사숙록陶山私淑錄』에서 퇴계 사상의 특징과 인간적인 측면을 자세히 기술했다. 그는 이렇게 적었다.

> 을묘년(1795년, 정조 19년) 겨울에 나는 금정에 있었다. 마침 이웃 사람들 통하여 『퇴계집』 반부를 얻어, 매일 새벽에 일어나 세수를 마치고 나서 곧 '어떤 사람에게 보낸 편지' 1편을 읽고 나서야 아전들의 참알(參謁)을 받았다. 낮에 이르러 연의(演義, 바르게 알았다) 1조씩을 수록하여 스스로 깨우치고 살피었다. 그리고 돌아와서 『도산사숙록』이라 이름하였다.
> 조건중에게 답하는 편지에 "보내는 편지에 '학자가 이름을 도둑질하여 세상을 속인다'는 논의는 고명(高明, 상대방에 대한 존칭)만이 근심이 아닙니다."라고 하였다.
> 대저 이름을 좋아한다는 말을 피하려 하면 천하의 일은 할 만한 것이 없다. 세상을 속이고 이름을 도둑질하는 사람은 본디 미워할 만한 것이다. 그러나 이 논의를 가벼이 하면 이는 천하의 사람을 거느리고서 악을 몰아가는 것이 된다. 그래서 반드시 주정하고 꾸짖고 음탕하고 오만하며 말이 패악하고 재물을 탐내어 염치가 없어진 뒤에야 바야흐로 이름을 좋아한다는 말을 잘 면할 수 있다. 그렇지 않은 사람은 다 의사(擬似, 비슷하여 분간하기 힘듦)한 사이에 있게 될 것이니, 어찌 옳은 일이겠는가. 그 논의가 예민한 자, 노둔한 자 등의 모든 병통은 곧 선생이 평일 많은 사람을 교육하여 다 일일이 경험한 것이다. 이들

을 다 감싸고 아울러 포용하여 훈도(薰陶)하고 고주(鼓鑄, 쇠를 두드려 북을 만듦)해서 함께 대도(大道)에 이르게 하였으니, 아, 그 얼마나 훌륭한가.

그 가운데 처음에는 정성스럽다가 마지막에는 소솔한 자와, 곧장 폐하였다가 자주 회복하는 자들은 이 또한 사장들이 쉽게 버리는 바이다. 그런데 위대하다, 선생이시여! 진실로 학문으로 자처하면 기꺼이 즐겨 받아들여 다 함육 속에 있게 하지 아니함이 없었다. 이러한데도 오히려 교화에 따르기를 좋아하지 않은 사람이 있었겠는가?

이 글을 여러 번 되풀이 읽고 나니, 나도 모르게 기뻐서 뛰고 감탄하여 무릎을 치며 감격하여 눈물이 나서 애연(藹然)히 '솔개가 날아 하늘에 이르고 물고기가 못에서 뛰는 뜻이 있었다.'

비록 내 짧은 해석의 능력이나마 문장에 숨어 있는 지극한 흠모와 연모를 넘어 존경과 감탄이 교차하는 헌사로 이보다 더한 것이 또 있을까 싶다.

이러한 퇴계의 사상은 임진왜란 이후 일본에까지 전해져 근세 일본 유학의 형성에 지대한 영향을 끼쳤다고 평가받는다. 에도시대 일본에서 퇴계의 저술 11종 46권 45책이 목판으로 발간되었다. 퇴계는 다른 성향의 여러 학파의 학자들로부터 '주자의 직제자直弟子', '주자의 도통道統'이라는 칭호를 듣기에 이르렀다. 우리나라에서도 잘 알려진 대표적인 중국의 개화기 사상가인 양치차오梁啓楚도 퇴계를 '이부자李夫子'라고 부를 정도로 그의 학문을 진심으로 공경했다고 한다. 공자의 집안을

• 농운정사

'공부가孔夫家'라고 하는 의미와 상통하는 의미다. 시공을 뛰어넘어 퇴계학은 이제 세계적인 학문으로 그 폭을 넓혀가고 있다는 것이 학계의 정평이다.

## 함양과 체찰, 곧 전망과 성찰

아울러 퇴계의 가르침 중의 으뜸 중 으뜸은 '함양涵養'과 '체찰體察'이라 할 수 있다.

함양의 사전적 의미는 '능력이나 품성 따위를 기르고 닦음'이고, 체찰의 사전적 의미는 '몸과 마음으로 살핀다'는 뜻이다.

이 두 글자의 조합이 뜻하는 의미는 무엇일까? 문자 그대로 답은 정해져 있다. '당신만 그렇게 하면 된다.'이다. 함양은 심성을 닦는 것이고, 체찰은 몸으로 익혀 실천하는 것이다.

퇴계는 다만 알기만 하고 행동이 따르지 않는다면 그것은 참된 공부가 아니라고 보았다. 날마다 반복하여 그 앎이 완전히 자기의 것이 될 때까지 몸으로 익혀야 함을 강조했다. 이를 위해서 늘 지녀야 하는 마음자세가 경敬이라고 했다. 따라서 퇴계는 부모를 공경하고 집안일을 거드는 것 등, 매일 매일의 사소한 생활 그 자체가 큰 마음공부라고 했다. 이는 마치 공기를 마시는 것과 같고 물을 마시는 것과 같다는 의미로 나는 받아들였다.

그는 후학들과 주고받은 서찰에서 가정과 나라의 안녕을 위해 끊임없이 노력하라고 강조하면서, 혹시나 나태해질 것을 염려하여 절대로 공부를 게을리해서는 안 된다고 가르쳤다. 나랏일을 한다는 자부심과 그 핑계로 일에 몰두하기 위한 명분으로 공부에 대한 게으름을 경계하라고 진심으로 당부했다. 권력 중심에서 느끼는 쾌감에 취해 자칫 본질에서 벗어나 삿된 행동을 저지르고 마는 우를 범하지 않기 위해 그런 당부를 한 것이었다.

그는 공부를 할 때는 결코 서둘지 말라고 했다. 가령 제자인 유학자 정자중에게는 이렇게 설명했다.

"공부하는 사람에게 병통이 되는 것은 뜻을 세우지 않는 것이다."

또 더불어 이런 당부를 하며 경계하도록 했다.

"공부는 한번 껑충 뛰어 도달하는 것이 아니다."

제자인 시보 남언경에게는 '책을 읽되 마음을 괴롭힐 정도로 하지 말라'고 했다.

맹자의 가르침 중에 '알묘조장揠苗助長'의 교훈이 있다고 한다. 벼의 싹을 잡아당긴다고 벼가 빨리 자라지는 않는다. 심하면 벼를 죽게 할 수도 있다. 벼의 싹을 잡아당기면 벼가 마르기 때문이다. 이런 뜻이다. 맹자의 이 가르침은 오늘날 우리 사회에서도 여전히 유효하다.

퇴계는 공부하는 사람들의 이런 태도를 '서두름' '조급증'이라며 훈계했다. 번갯불로 콩을 볶을 수는 없고 아침햇빛으로 밥을 지을 수는 없는 일이다. 이는 자신의 서간집에서 추려 묶은 『자성록』에 잘 드러나 있다. 자성록에는 퇴계가 유교적 지식인에게 강조하는 핵심적인 덕목

● 역락서재

을 고스란히 담아두고 있다.

당시의 유교적인 지식인은 오직 학문의 길로만 들어선 이들이었다. 오늘날로 말하면 공부만 하는 사람이었다. 그러나 책상물림에 머물 것이 아니라 현실적인 감각까지도 갖출 것을 요구했다. 탁상공론으로는 문제를 해결할 수 없음을 퇴계는 일찍이 간파했음을 알 수 있는 대목이다. 이들에게 요구한 핵심적인 자세가 바로 '함양'과 '체찰'이었다. 이상과 현실의 조화, 관념으로서의 학문이 아니라 실천이 병행된 살아있는 학문, 숨 쉬는 학문을 강조한 것이었다.

팽창주의와 압축성장으로 대표되는 우리의 경제발전은 세계를 놀라게 한 것도 분명한 사실이다. 그러나 그에 따르지 못하는 민주시민적이고 사해동포주의적인 정신적 발전은 오늘날 우리에게 주어진 크나큰 숙제이다. 성과주의에 집착하는 조급증 또한 사회적 병리현상으로까지 감염된 상태라 해도 과언이 아니다. 결과만 중시하고 과정이 생략된 현상이기도 하고, 올바른 경쟁과 심신수양이 부족한 때문이기도 하다. 왜 자꾸 심리학이 대두되고 정신병리학이나 신경정신과의 등장이 과연 까닭도 없이 일어나는 우연한 결과일까? 지금은 돌아다볼 때다. 잠시 멈추고 생각에 잠길 때다.

도산서원을 걸어 나올 때의 길고 긴 산 그림자가 유독 뒤통수를 끌어당기는 것 같아 마음이 무거웠다.

그 무거움을 하얀 눈썹달이 위무하고 있었다.

## 내 마음의 설산(雪山) 청량산을 찾아서

우리나라에서도 최고의 오지로 꼽히는 여러 지역 중에서 봉화가 있다. 거기에 청량산이 있다. 퇴계는 이 청량산을 '우리 집 산[吾家山]'이라고 부를 만큼 아끼고 사랑했다. 그는 또 청량산인淸凉山人이라는 아호를 즐겨 쓰기도 했다. 오직 공부를 하기 위해 이 산을 사랑했다. 글만 공부하는 것이 아니라 마음을 공부했다는 것이 더 정확한 표현이 아닐까 싶다.

퇴계의 가문은 원래는 청송의 진보 쪽에 살다가 고려 말에 이곳으로 옮겨왔다고 한다. 퇴계의 5대조 할아버지가 공을 세워 나라로부터 이 산을 하사받았다고 하니, 우리 산이라는 표현은 마음과 현실에도 꼭 맞아떨어지는 표현이다. "새벽에 떠나서 산에 오르면 다섯 시가 되기 전에 산중턱에 다다른다. 비록 경계는 다른 마을이지만 이 산은 내 집안의 산이다. 나는 어릴 때부터 봇짐을 메고 이 산을 왕래하면서 독서를 하였던 것이 미처 헤아릴 수 없었다."고, 한 책의 발문에서 드러내고 있다.

청량산은 퇴계 집안 3대의 인재들이 수양하고 공부한 곳이다. 호조참판과 형조참판, 전주목사 등을 지낸 삼촌 송재 이우, 그리고 형인 온계 이해, 퇴계 이황이 바로 그들이다. 퇴계의 삼촌은 열일곱 살 때부터 청량산에서 공부하여 출사를 하였으니 그 가풍이 그대로 가족들에게 이어진 모양이다. 퇴계가 헤아릴 수 없이 많이 다녔다고 한 이유가 바로 여기에 있다.

형 온계는 퇴계보다 앞서서 시험을 통해 벼슬길에 올랐고 그 뒤를 이어 퇴계도 나란히 정계에 진출했다. 그러나 온계는 여러 고위직을 오래도록 지내다가 간신 윤형원과 이기 무리에 의해 모함을 당해 억울한 옥사를 치르고 문초를 당하다가 귀양길에서 죽고 만다. 그래서 그런지 퇴계는 형의 비참한 최후를 목도하고 나서는 세상에 나가 문명을 떨치는 것을 극구 꺼려했다고 한다. 학문에 뜻이 높아 형의 변사를 계기로 빨리 고향에 내려가 학문에 몰두하기를 염원하게 된다. 그리하여 청량산은 퇴계 마음의 수련장이자 휴식처가 되었다.

퇴계는 청량산에 관한 시와 기문을 55편이나 남길 정도로 아끼고 사랑했다. "책을 읽는 것은 산에서 노니는 것과 같다[讀書如遊山]."와 같은 시가 퇴계의 심정을 그대로 표출한 뛰어난 시가 아닐 수 없다.

讀書人說遊山似
今見遊山似讀書
工力盡時元自下
淺深得處摠由渠

坐看雲起因知妙
行到源頭始覺初
絶頂高尋勉公等
老衰中輟愧深余

사람들은 글 읽기가 산을 유람하는 것과 같다더니
이제 보니 산을 유람하는 것이 책 읽는 것과 같구나
공력을 다하면 스스로 내려오는 법
얕고 깊음을 아는 것 모두가 자기에게 달려있네.

조용히 앉아 일어나는 구름을 보고 오묘함을 알고
발길이 근원에 이르러 비로소 시초를 깨닫네
그대들에게 높은 절정을 찾으라 권면하지만
노쇠하여 중도에 그만 둔 내가 부끄럽구나.

청량산의 의미는 그곳을 안내하는 사람의 자세하고도 자부심 넘치는 해설에서도 그 자존감이 뚝뚝 떨어져 내리고 있었다.

"중국 무이산에 무이정사와 무이구곡이 있는 것처럼 이 청량산에는 청량정사와 도산구곡이 있다는 사실은 퇴계 이황 선생이 청량산을 조선의 무이산에 버금가는 의미를 부여한 것이라 할 수 있습니다. 주자朱子가 살았던 무이산이 유교의 성지가 된 것처럼 이 청량산은 조선 유학의 성지로 새롭게 조명을 받아야 합니다."

청량산은 일부 학자들이나 뜻있는 사람들의 가슴속에서만 존재하는 산이 아니다. 그 이름이 널리 알려진 산이 아니더라도 그 속에 담긴 의미만으로라도 그 어느 명산에 뒤처짐이 없다. 하물며 산지山誌가 무려 3종이 전해오고 있음은 물론 이 산을 노래한 시조 역시 1천여 수에 이를 뿐만 아니라 학자들과 문인들이 남긴 유산기遊山記도 1백여 편이 전해지고 있다고 한다.

산지는 산의 역사와 문화와 유적, 지명과 유래 등을 기록한 책이다. 산지가 3종인 산이 오가산과 청량산뿐일 정도로 산을 아는 사람들에게는 산 이상의 의미를 지니고 있다고 확신해도 가히 주제넘을 일이 아닐 것이다. 더 이상 관광으로서의 산을 거부하는 청량산이다. 뜻이 있는 산, 개념이 있는 산이다. 다른 산의 의미를 폄훼하는 말은 절대 아니다. 모든 산은 그대로 산이니 말이다.

퇴계가 설파한 요산요수樂山樂水에 대한 문장을 기억한다.

> "산을 좋아하고 물을 좋아한다는 것은 산이 곧 어짐이고 물이 곧 슬기로움이란 뜻만이 아니고, 사람과 산수의 성정(性情)이 같다는 말도 아니다. 어진 이는 산과 닮아서 산을 좋아하고, 슬기로운 사람은 물과 닮았기 때문에 물을 좋아하기 때문일 것이다.
> 닮았다는 것은 어진 이와 슬기로운 사람의 기상과 의사를 두고 한 말일 것이다. 이것은 사람들이 어떤 형상을 통하여 근본을 구하고 본보기의 극치를 삼으려는 것이지 산과 물에서 그것을 구하려 하는 것은 아니다.

참으로 내 마음 속에 어짐과 슬기로움이 가득 차서 밖으로 나타나기만 한다면 '요산요수'는 간절히 구하지 않더라도 저절로 얻게 될 것이다."

사람은 자연을 의지하지 않고는 도저히 살 수가 없다. 물질적이거나 화학적인 요소가 아니더라도 정신을 지탱하는 보이지 않는 힘을 끊임없이 공급받는다. 나아가 그것이 휴식처이자 수련장이자 누추한 껍데기를 벗는 탈의실이라면 그 존재가치는 더 이상 왈가왈부할 수 없게 된다.

무엇이, 무엇으로 하여금 사람이게 하는가!

함양과 체찰은 일용할 양식이어야만 하는가!

그렇다. 함양과 체찰은 곧 전망과 성찰이다.

눈밝은 전망과 깊은 성찰 없이는 우리에게 밝은 미래는 없다.

퇴계의 위대성은 단순히 경을 강조하고 이론적으로 정리한 데 있는 것이 아니라 이를 몸소 실천한 데 있었다고 평가된다. 그의 시종일관始終一貫한 삶의 모습은 그의 임종을 기록한 「고종기考終記」라는 문헌에 너무도 생생하게 묘사되어 있었다. 너무나 감동적이라 기록해 두었다. 과연 선비란 무엇인가. 무엇으로 선비라 일컫는가!

퇴계는 1570년 11월 9일쯤 병세를 처음 느끼기 시작하여 12월 8일에 세상을 하직하게 되는데, 그는 인생을 마감하는 절체절명의 순간에서도 평정심과 절제된 선비의 모습을 보여주었다. 병석에 누워서도 제자들에게 답서를 보내는 것은 물론 자식들에게는 빌려 온 서적을

● 청량산 서북쪽 향로봉 (야송 이원좌 그림)

잊지 말고 돌려주라고 당부했다. 아울러 자신이 교정한 책의 잘못된 곳을 반드시 고치라 말하고, 마지막 자신의 장례를 어떻게 치를 것인지에 대해서도 소상하게 지시했다. 그의 평상시와 같은 모습은 운명하던 날의 기록에서 더욱 빛을 발한다.

> "8일 아침에 매화 화분에 물을 주라고 하셨다. 이날, 날씨는 맑았다. 유시(酉時) 초에 갑자기 흰 구름이 지붕 위로 모여들고 눈이 한 치쯤 내렸다. 잠시 뒤에 선생은 누운 자리를 정돈하라 말씀하셨는데, 부축하여 몸을 일으켜 드리자 앉아서 운명하셨다. 그러자 구름이 흩어지고 눈이 개었다."

실천궁행實踐躬行의 의미를 생각한다.
일이관지一以貫之의 의미를 생각한다.
청淸, 맑음이여.
량凉, 서늘하고 맑음이여.
명징한 정신으로 늘 맑게 살 일이다. 지극히 어려울지라도!
힘쓰지 않고 도달할 곳은 아무 데도 없다.
퇴계 선생의 깊고 맑은 눈빛이 노을에 스민다.

# 중용(中庸)의 집에 머물다

## 달성 삼가헌(三可軒)에 가서

삼가헌三可軒을 갈 때마다 이런 생각을 한다. 『중용中庸』에 나오는 말에서 종택의 이름을 지었다는데, 그 뜻은 이러하다고 한다.

> 天下國家可均也 爵祿可辭也
> 白刃可蹈也 中庸不可能也

> 천하와 국가는 다스릴 수 있고, 관직과 녹봉도 사양할 수 있고, 날카로운 칼날 위를 밟을 수도 있지만, 중용은 불가능하다.

나는 마지막 문장에 방점傍點을 찍는다. 중용은 불가능하다! 그럼에도 선비들은 그것을 지향하지 않았는가? 그 끊임없는 수양이 곧 선비의 자세가 아니고 무엇이겠는가!

덧붙여 설명을 하면, 천하를 다스림은 지知이고, 작록을 거부하는 것은 인仁이며, 칼날을 밟을 수 있다는 것은 용勇에 해당한다고 부연하고 있다. 이러한 내면과 외연의 완성, 선비로서의 덕목을 모두 갖추었음에도 불구하고 중용에 불가능하다고 했으니, 과연 학문의 끝과 선비의 길은 도대체 어디에 존재하는가.

나는 묻고 또 묻지 않을 수 없었다. 중용이 과연 무엇인가?

『중용中庸』은 B.C. 430년경에 만들어진 책으로, '성誠'과 '중中'을 기본 개념으로 하여 우주만물에서 인간 심리의 깊은 곳까지를 포괄하는 하나의 철학체계주자학를 구축하는 천인일리天人一理를 설명한 형이상학적인 내용을 담고 있다고 한다. 주자학의 기본명제인 '성즉리性卽理'도 여기서 도출된 것이다. '중中'이란 기울어짐이 없다는 뜻이고, '용庸'이란 영원불변이라는 뜻이므로, 올바르고 변함이 없는 도리를 설명한 책이라 볼 수 있다.

또한 여기에서 말하는 '중'이란 것은 기쁨[喜]과 노여움[怒], 슬픔[哀]과 즐거움[樂]이 나타나지 않는 정적의 상태, 곧 정情의 본체인 '성性, 인간성의 본질'을 나타낸다고 한다. 동시에 그것은 하늘이 내려준 것이므로 곧 하늘의 본질임을 가리키는 것이라고 한다. 곧, 우주 만물의 궁극적인

• 삼가헌 전경

원리를 이르는 말일 것이다.

더 나아가 그것들이 나타난 상태에서도 절도에 맞게 행하는 것을 화和라고 했다. 따라서 중이야말로 천하의 큰 근본이고, 화야말로 천하의 통달이라고 선현들은 관찰했을 것이다. 중과 화가 서로 극한에 이를 때, 천지의 질서가 잡히고 만물이 자란다고 설파했다.

또한 『중용』은 유교의 가르침을 '중' 또는 '성'을 매개로, 천지의 무한성과 영원성을 결합해서 비로소 보편타당성을 가진 논리를 만들어냈다는 평가를 받는다. 이것은 유교 사상사에서 반드시 주목되어야 할 부분이라고 한다. 나의 얕은 지적 수준으로 세상사의 이치의 근본을 정확하게 지적하고 있다고 평가할 수는 없는 노릇이지만, 나는 가끔 중용을 읽을 때마다 감탄을 내지르지 않을 수 없었다.

청명한 가을 오후, 삼가헌에 다다르면 물소리가 먼저 사람을 맞는다. 고샅길과 담 사이를 흐르는 냇물이 어제 내린 비로 인해 수량도 많을뿐더러 맑기는 비할 데 없고 소리는 낭랑하기 그지없다.

滄浪之水 淸兮 可以濯吾纓 (창랑지수 청혜 가이탁오영)
滄浪之水 濁兮 可以濯吾足 (창랑지수 탁혜 가이탁오족)

창랑의 물이 맑으면 내 갓끈을 씻을 수 있고
창랑의 물이 흐리면 내 발을 씻을 수 있도다.

주제넘기는 하지만 굴원屈原의 시가 저절로 떠오르는 이유는 단아한 물소리 때문이다. 격무에 지치고 사람에 지치면 비록 몸은 다가가지 못하지만 늘 떠오르는 삼가헌이 아닌가. 오늘은 지인 두 분과 동행했다.

삼가헌은 오랜 역사를 지니고 있다. 몇 백 년의 역사를 자랑하는 집이지만 여러 가지 사정으로 풍파를 겪었다. 화재로 소실되거나 전란이 있었거나 풍상에 쇠락하여 부침을 거듭했다. 오늘날의 모습은 4대에 걸쳐 105년 만에 완성했다. 덕분에 더 선명하고 단아하며 깨끗하고 고결한 모습으로 우리 곁에 남아 있다. 특별한 경우가 아니면 손을 대지 않고 부득이 손을 대더라도 최소한으로 제한했다. 한옥이 대개 불편하다는 선입견이 있는데, 틀린 말은 아니다. 그럼에도 불구하고 그것을 참고 이겨내며 오늘의 모습을 그대로 유지한다는 것은 선비의 내공이 없으면 불가능한 일이다. 한 마디로 응축하여 표현하면 이런 표현이 어울릴 듯싶다. 역시 『중용』에 나오는 말이다.

> "지극한 정성[至誠]은 쉼 없이 움직이며, 영원하며, 넓고도 두터우며, 높고도 밝다."

정문을 가로질러 마당을 지나 안채를 보고 오른쪽으로 가면 이 집의 백미인 파산서당과 하엽정을 만난다. 동행도 있어 조용히 들러 마

음을 추스르고 가려 왔는데, 사정은 영 딴판으로 흐른다. 주인장이 고무신을 신은 채 분주히 달려 나오신다. 처음 먹은 마음이야 어떻든 반갑기 그지없다. 고택의 주인은 함께한 분의 사돈이기도 하지만 평소 모든 면에서 어른으로 모시는 분이다. 그것보다 먼저 부지런히 찾아뵙고 차도 얻어 마시면서 가르침도 받고, 직업이 직업인지라 고택을 지키는 어려움을 직접 듣고 조금이라도 도움이 되어야 하는데, 그렇지 못한 처지가 너무 황망스러워 몸 둘 바를 모를 지경이었다.

훤하게 웃으시는 모습이 고택을 배경으로 가을을 닮았다. 그 가을 하늘에 하얀 구름이 흐르고 있다. 동네 어른들과 곡차를 나눌 일이 있어 모여 있었는데, 아무래도 오늘은 손님이 올 것 같은 예감에 일찍 자리를 파하고 집에 계셨다는 것이다. 나의 부끄러움을 애써 눌러 주시는 그 넉넉함이 더더욱 부끄럽다. 여러 번 와본 일이 있어 바로 안쪽으로 인도해 주신다.

삼가헌은 건좌손향乾坐巽向의 집이다. 건좌손향은 풍수지리에서 집터나 묏자리가 북서쪽을 등지고 남동쪽을 바라보는 방향의 집을 말한다. 그리고 서사택西四宅이다. 서사택이란 서, 서남, 서북, 동북의 4방위를 말하는데, 약간 서쪽으로 방향을 튼 집이란 뜻이다. 집을 지을 때 남쪽으로만 바라보는 것에 약간 미련이 있어 미처 못 담은 서쪽의 풍광까지도 다 아울러 껴안으려는 의도가 있다고 설명을 하신다. 또한 이런 지리적 배경을 잘 활용한 덕분에 전란은 물론 모든 재난을 피해가는 은혜를 입었다고도 했다. 그 많은 자연적 재난에도 크게 피해를 입은 적이 없다는 것이다.

또 위치가 반은 칠곡이고 반은 달성이라 이 마을의 그림자가 깊어 사람들의 왕래는 물론 학문적 영향도 깊어진 곳이라 한다. 배려가 깊은 집이다. 간략한 설명은 모두 인터넷에 상세하게 기록되어 있으므로 생략하기로 한다. 아쉬운 것은 너무 건축의 전문적인 용어들이 많이 나열되어 있어 단번에 이해하기가 쉽지 않은 경향이 있다. 가령 이러한 경우이다. 하엽정荷葉亭을 설명하는 듯한 대목이 대표적이다.

> 별당 앞에는 네모의 연못이 있고, 연못 가운데는 인공산(人工山)이 있다. 사랑채의 구조는 막돌허튼층쌓기의 기단 위에 막돌초석을 놓고 전면에 5개의 두리기둥을 세우고 나머지는 네모기둥을 세워 납도리로 결구한 민도리 소로수장집 구조를 이루고 있다.

막돌허튼층쌓기란 크고 작은 막돌들을 줄눈으로 수평을 맞추지 않고 쌓는 방법으로, 주택을 비롯하여 사찰건축에서 널리 찾아볼 수 있다고 하는데, 최상단은 판석에 가까운 돌을 아래 면과 맞추어 쌓거나 조금 내밀어 기단갑석처럼 쌓기도 한다고 한다. 막돌초석은 자연 상태의 돌을 적당한 크기로 하여 사용하는 것으로 이를 '덤벙주초'라 부른다고 한다. 이 막돌초석은 그 상면이 울퉁불퉁하나 이를 다듬지 않고 그 위에 놓이는 기둥의 밑면을 울퉁불퉁한 면에 맞추도록 한다. 납도리는 단면이 네모진 도리로, 기둥과 기둥 위에 건너질러 서까래를 받치는 역할을 한다. 민도리 소로수장집은 또 이렇게 설명된다. 한옥을 구분할 때 민도리집, 납도리집, 굴도리집, 소로수장집 등의 명칭이 흔히 쓰이는데, 민도리집이란 이는 기둥상부에 바로 보를 올려놓는 집으로 구조적으로 제일 간단한 집이다. 이 경우 납도리를 쓰면 '납도리집'이라고 하고, 굴도리를 쓰면 '굴도리집'이 된다. 도리 아래로는 보강재로 네모난 단면의 장혀를 사용한 집도 있다.

한편 기둥 상부에 횡으로 창방을 걸고 이와 장혀 사이에 '소로'라는 부재를 일정 간격으로 끼워 넣은 집도 있는데 이런 집을 '소로수장집'이라고 부른다. 소로수장집은 민도리집보다 장식적이고 우월하게 보인다. 이러한 내용도 물론 인터넷에 다 기재되어 있다. 그러나 자세한 설명을 덧붙여 주는 블로그들의 세심한 배려가 첨가된다면 훨씬 이해가 빠를 거란 생각이 들었다. 전문적인 내용들을 곁들여 설명하는 길잡이가 있다면 우리 한옥에 대한 이해와 접근이 훨씬 용이하여 그 보존이나 지속적인 관람으로 이어져 우리 문화에 대한 기본적인 인식이 한층 상승할 것이란 기대를 걸어봄직도 할 것이다.

정문을 들어서면 사랑채이자 가장 중심적인 건물, 삼가헌三可軒이다.

이런 말이 어울릴는지는 모르나 건장하고 당당하다. 그리고 겸손하다. 자연에 예속되고 자연을 지배한다. 공존의 의미를 실상으로 드러내는 넉넉한 공간이다. 나는 이런 말을 떠올렸다.

儉而不陋 華而不侈 (검이불루 화이불치)

검소하나 누추하지 않고, 화려하나 사치스럽지 않다는 뜻으로, 명말청초의 사상가 왕부지王夫之가 한 표현이다. 누가 되는 망발은 아닌지 조심스럽다. 하기야 나의 표현력과 상상력의 한계이니 부덕의 소치만 탓할 뿐이다. 그럼에도 불구하고 그 이상의 표현이 나로서는 불가항력이다. 공부해야 하리라. 이런 사실을 항상 유념해야 하리라.

삼가헌 편액의 글씨 또한 유래가 깊다. 이 글씨는 조선 후기 전주의 유명한 서예가인 창암蒼菴 이삼만李三晩 선생의 글씨라 한다. 흔히 '창암체'라고 일컫는 독자적인 서체를 이룬 대가로 알려져 있다. 단정한 듯 다정한 듯, 귀 기울여 학문을 정취하며 선현을 생각하고 후학을 도모하라는 깊고 둥근 뜻이 담긴 듯한 글씨이다. 또한 날마다 공부하지 않으면 천하와 국가를 다스릴 수 없고, 관직과 녹봉도 사양할 수도 없는 것은 물론이거니와 날카로운 칼날을 밟는 어리석음을 범해 순식간에 나락으로 떨어질 수도 있다고 채근하는 듯, 어깨를 두드리며 부

드러운 채찍을 내리는 것과 같은 느낌이다. 미끈한 죽비竹篦로 혼탁한 정신을 일깨우는 듯.

사랑채 마루에는 삼가헌을 지은 내력을 기록한 기문과, 정면에 미수 허목 선생의 글씨체로 알려진 '예의염치 효제충신禮義廉恥 孝悌忠信'이라는 글씨가 판각되어 있다. 오래전에 배웠던 말씀, 수오지심羞惡之心, 측은지심惻隱之心, 시비지심是非之心, 사양지심辭讓之心이란 글과 퍼뜩 연관이 된다. 아울러 이 글은 선비의 길의 방향을 정확하게 일러주는 말일 것이다. 일반인의 상식으로는 읽기가 매우 어려운 글씨체이다. 정말로 궁금하신 분이라면 고택의 주인에게 정중하게 부탁할 일이다. 미수 허목 선생은 남인의 영수였다.

사랑채 기둥에도 유려한 필체로 쓰여진 2폭의 주련이 새겨져 있다.

秋水爲神玉爲骨 是眞名士必風流 (추수위신옥위골 시진명사필풍류)

가을물 같은 정신과 옥과 같은 몸은
진정한 명사로서 반드시 풍류가 있으리라.

묘골마을은 순천박씨 집성촌이다. 사육신인 충정공 박팽년의 후손들이 모여 사는 곳이다. 사육신은 비극의 결과였다. 하지만 그 충절과 절개는 시대를 넘는다. 왜 선비인가, 왜 충신인가? 그런 질문과 궁금함은 주련의 두 문장으로도 충분하다. 주련 하나에도 그런 정신이 오롯이 새겨져 있다.

지금 고택의 주인 세대보다 한 세대 앞선 삼가헌의 주인은 효남 박병규 선생이시다. 효남 선생은 유명한 서예가다. 몇 년 전 제자들에 의해 선생의 유작집이 간행되어 선생의 정신과 예술세계를 살펴볼 수 있다. 마을 입구에도 효남 기념비가 세워져 있다. 이렇듯 삼가헌에는 학문과 예술이 구분 없이 즐비하다. 정신은 시대를 관통함이 분명하다.

쪽문을 들어가 건물을 마주하면 하엽정荷葉亭이란 현판이 눈에 띈다. 들어온 방향이 그래서 먼저 눈에 띈 것이지만, 본래의 사랑채인 파산서당巴山書堂의 현판도 청빈하고 기개 서린 모습이다. 왠지 내 눈에는 빛이 나 보였다. 마음에서 우러난 광채였다. 파산서당 편액 옆으로는 작은 편액이 눈을 끈다. '영향迎香'과 '읍취挹翠'라는 글이다. 향기를 맞아들이고 푸르름을 끌어들인다는 뜻이라고 한다. 앞에서 말했듯 건좌손향乾坐巽向과 서사택西四宅의 의미를 이해할 듯하다. 강조하듯 채색된 파랑빛이 선명하게 가슴에 울림을 준다. 비록 네 칸의 작은 서당이지만 온 우주를 담고 있는 듯 견고하기 그지없다.

파산서당이라는 이름은 이 건물이 지금의 계명대가 있는 파산을, 금호강과 낙동강이 만나는 자리에 솟은 파산을 조산으로 삼고 그 상징을 당호로 삼은 것이라 짐작하고 있다는데, 옛사람들의 공경함과 마음의 넓음에 모두들 감탄한다고 한다. 시인이자 건축가인 함성호 선생의 지적에 전적으로 동의한다.

누각에 앉는다. 주인은 차를 내어주신다. 차마 이름은 물어보지 못

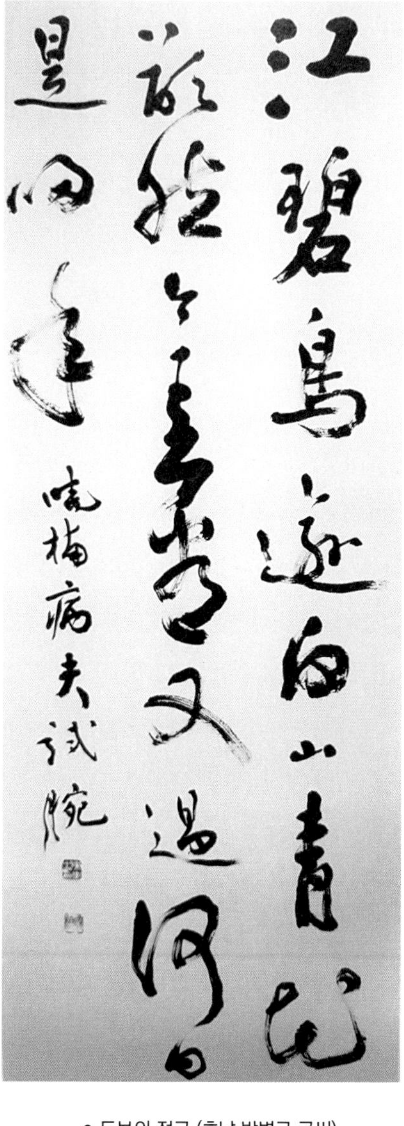

• 두보의 절구 (효남 박병규 글씨)

하고 향기에 잠긴다. 말하는 것은 불필요하다. 연못을 내려다본다. 한 여름을 넘긴 연꽃의 줄기들이 흐드러지게 널려 있다. 지나간 여름은, 그 태풍과 폭우에도 불구하고 참으로 아름다웠으리라.

하엽정은 원래 방의 높이보다 한 자 이상 높게 계획되어 연못 쪽으로 고개를 내밀고 있다. 그래서 그런지 앞쪽의 연못은 물론 주위의 가택과 멀리 마을의 풍경까지 한꺼번에 눈에 들어온다.

하엽정의 연못은 앞에서도 언급했듯이 인공섬이다. 가로 15m, 세로 21m의 장방형이다. 조선의 사대부의 집은 집을 앉히기 위한 기단을 쌓아야 했다. 이 기단에 쓸 흙을 다른 데서 가져올 수도 있지만 이 고택은 마당을 파서 기단을 쌓았다. 그리고 그 파낸 자리에 물을 담아 연못을 꾸미고 연꽃을 심은 것이다. 연못은 방지원도方池圓島라고 부르는, 이른바 조선의 전통 정원에서만 볼 수 있는 것이다. 아울러 천원지방天圓地方의 전통적인 세계관을 그대로 내포하고 있다. 방지원도에는 음양오행설이 그대로 구현되어 있다고 하며, 이는 또 당시의 중심적인 사상이었던 성리학의 철학을 보여준다고 할 수 있다.

천원지방을 그대로 해석하면 '하늘은 둥글고 땅은 네모나다'라는 뜻이며, 이는 또 '양은 둥글고 음은 네모나다[陽圓陰方]', '하늘은 움직이고 땅은 가만히 있다[天動地靜]'는 생각과 맞닿아 있다고 할 수 있다. 네모난 못을 만들고 가운데 동그란 섬을 만들었다. 이 섬은 세계의 중심에 우뚝 솟아있다는 수미산을 상징한다고 한다. 불교적 색채가 강한 수미산이지만 유불선의 모든 가치가 혼재하는 시대적 상황도 참고

• 하엽정 누각

● 하엽정의 연꽃

하여 해석해야 할 일이기도 하다. 집을 지으며 방향을 정하고 연못 하나에도 이런 우주의 철학을 담고자 한 그 깊은 뜻을, 감히 헤아릴 수 없다. 차 한 잔 마시며 고개를 끄덕이는 것으로는 도무지 알 수 없다.

막견호은莫見乎隱이며 막현호미莫顯乎微라 했다. 숨기는 곳보다 더 잘 드러나는 것이 없으며, 미세한 것보다 더 잘 나타나는 것이 없다. 하엽정에서 그 뜻을 다시 새긴다. 그 유명한 신독愼獨이라는 말이 바로 이 문장 뒤에서 이어지는 것은 그 강조하고자 하는 것이 예사롭지가 않

다는 뜻일 것이다.

천하 국가를 다스리는 아홉 가지 원칙이 있다고 했다. 곧 자신을 닦는 것[修身]과 어질고 현명한 이를 높이 받드는 것[尊賢], 부모를 섬기는 것[親親], 높은 사람을 공경하는 것[敬大臣], 모든 신하와 마음을 함께 하는 것[體群臣], 백성을 내 자식처럼 사랑하는 것[子庶民], 장인이 즐겁게 일할 수 있게 하는 것[來百工], 먼 나라의 백성을 위하는 것[柔遠人], 제후를 복종하게 하는 것[懷諸侯]이다. 그러한 원칙들을 실천하는 근원은 하나이니, 그것을 '성'이라 했다. 자세히 보면 이것은 개인에게도 통용되는 중요한 덕목이 아닐 수 없다. 대상을 국가나 천하로 국한시켜 해석할 필요가 없다.

삼가헌 입구 대문에는 예쁘고 재미있는 문패가 하나 붙어 있다. '도덕과 평화'라고 쓰여진 동판 문패다. 무슨 의미인가?

사랑채에 기거하며 바깥일을 보는, 이 고택을 지키는 어른의 함자가 바로 '박도덕'이시다. 안채에서 모든 살림을 살피는 안주인의 함자는 바로 '정평화' 어른이시다.

두 분을 생각하면 정말 향원익청香遠益淸이 아닐 수 없다.

두 분과 삼가헌을 생각하며 앞에 인용한 글을 다시 빌린다.

> "지극한 정성[至誠]은 쉼 없이 움직이며, 영원하며, 넓고도 두터우며, 높고도 밝다."

도덕과
평화

# 선비정신의 체득을 향한 소박한 여정 2

옥산서원 독락당과 회재 이언적

## 현자의 숲으로

일이 있어 경주를 갈 때마다 시간이 허락한다면 옥산서원에 가끔 들러 마음을 다잡는 시간을 갖는다. 안강의 양동마을을 지나는 국도를 타고 가다 보면 옥산서원을 가리키는 입간판이 나온다. 샛길로 접어들어 5분 정도 차를 타고 가면 바로 옥산서원이다. 길이는 멀지 않으나 잠시 그곳을 향해 가는 마음은 그리 짧지가 않다.

우리 핏속에는 우리만의 그 무엇인가가 있다. 과학과 의학으로도 설명되지 않는 그 무엇, 그러나 시시각각 우리의 뒷머리를 때리는 그 근원적인 동력이 있어, 사람이라면 불시에 떠오르는 본질에 대한 궁금증과 향수, 내재內在된 감성과 지성이 그것이다.

그런 것을 생각하면, 사는 것이 숙연해진다. 아무리 하루하루가 빨리 지나가도, 감당할 수 없는 일들이 내게로 닥쳐와도, 그것을 이기게 만들고 성취하게 만드는 것도 내 속의 무엇인가가 무의식중에 작용하기 때문이라고 늘 생각하고 있다. 나의 당대當代의 문제가 아니라 시간을 뛰어 넘어 지속되어야 할 가치가 분명히 존재하기 때문이다. 짧은 여행이라도 그런 의미를 곱씹을 수 있다면 낭비는 아닐 것이다. 사람은 아는 만큼 변한다고 했다. 모르고 지나치면 영원한 아웃사이더가 되기 십상이다.

주차를 하면 서원의 옆모습이 보인다. 쉽게 쪽문으로 들어가도 되지만 선현을 뵙는 일은 그렇게 하는 것이 아니다. 우선은 주변의 정경을 둘러본다. 자개천이 흐르는 아담한 계곡을 우선 지긋하게 내려다본다. 청량한 물소리가 귀에 앞서 마음을 적신다. 소슬한 바람소리가 더욱 짙게 와 닿는다. '현자의 숲'이라고 이름을 붙이고 싶다. 이런 곳에 오면 적당히 경건하고 적당히 긴장이 된다. 기분 좋은 긴장감이다.

정문 격인 역락문亦樂門 앞에서 잠시 서서 호흡을 고르고 문을 건넌다. 그런데 특이한 점이 금방 눈에 띈다. 문을 건너자마자 발밑으로 물이 흐르고 있다. 견문이 짧은 탓에 많은 서원을 돌아다보진 못했지만 문을 건너자마자 물이 흐르는 곳은 처음이다. 아마 이런 구조의 서원은 많지 않을 것이다. 아마도 자개천의 계곡물을 자연스럽게 끌어

• 자개천

● 옥산서원 정문 역락문 (현판글씨는 한석봉)
벗이 있어 먼 곳에서 찾아오면 이 또한 즐겁지 아니한가(自遠方來 不亦樂乎)에서
이름을 지었다고 한다.

다 대어놓은 모양이었다. 매끈한 화강석으로 가지런하게 물길을 놓아 서원의 앞쪽으로 흐르게 하여 다시 자개천으로 연결되게끔 관통하게 만들어 놓은 모양이다.

무슨 뜻일까. 상선약수上善若水의 뜻일지는 모르겠으나 정문을 통과하자마자 흐르는 물을 마주한다는 것은 그 상징하는 바가 너무나 의미심장함을 느낀다. 마음을 씻어라 그쯤인가 싶었는데, 아니나 다를까 담 너머로 보이는 계곡의 바위에는 세심대洗心臺라는 글자가 일필휘지一筆揮之 되어 있다. 기분 좋은 깨달음이다. 우연은 필연을 관통하는가, 순간 우쭐한 생각에 잠시 취하는가 싶어 긴장이 풀어지나 싶었는데 떡 하니 나타나는 건물이 바로 무변루無邊樓이다. 아늑한 2층 공간으로 꾸며진 무변루는 공부와 휴식을 겸한 다용도의 건물이 아니었나 추측하는데, 아무래도 '무변'이라는 말이 뜻하는 바가 실로 가볍지가 않다는 생각이 들었다.

무변이라니! 끝닿는 데가 없음이라니.

공부하는 마음가짐을 다그치는 소리 없는 우레와 같은 가르침이 포함되어 있다 생각하니, 그 선비적인 포부가 유달랐음을 아득하게나마 느낄 수 있었다.

본당으로 들어선다. 옥산서원이라는 글자가 눈을 찌른다. 좌우를 압도하는 그 기개의 서슬이 퍼렇다. 추사의 글씨라고 한다. 그러나 추사의 글씨라서 그런 것이 아니라 그 글씨에서 풍겨나는 기운이 이미 많은 것을 압도하고 있다. 그 안으로 보이는 구인당이라는 글이 묘하

● 무변루(無邊樓)
무변은 주염계찬(周廉溪贊) 가운데 풍월무변(風月無邊: 아름다운 자연은 끝이 없다)에서 無邊을 취한 것이라 한다.

게 오버랩되면서 생각에 생각을 거듭하게 한다. 구인당과 무변루의 글씨는 한석봉의 친필이라고 한다.

그리고 옥산서원, 그 글씨를 본다. 추사의 글씨다. 우리가 익히 알고 있는 그 글씨가 아니다. 추사는 자신만의 뜻대로 그 글씨를 썼을까. 다정다감한 붓놀림이여, 마침까지 성의를 곁들인 그 솜씨와 마음가짐이, 둔탁해도 멀리 가는 마음을 함축적으로 표현한 것 같다. 추사의 서슬 퍼런 지적이 둥글게, 그러나 오래 학문을 독려하는 부추김과 추임이 깃들어 있다. 학문은 하루아침에 이루어짐이 아님을, 발랄하게 표현하고 있다. 화집이나 탁본이나 온갖 경로를 통해 무조건 볼 수 있지만, 친필을 보는 느낌, 그 걸음, 봐도봐도 즐거운 수고이자, 스스로 택한 수고로움의 소중한 보답, 그 느낌.

한 공간에서 시대를 초월하여 두 대가의 글씨를 직접 볼 수 있다는 것은 돈을 주고도 경험할 수 없는 탁월한 경험이다. 한석봉1543~1605과 김정희1786~1856의 시대를 추정해 보면 두 사람은 아마도 243년의 세대의 차이가 있다. 회재는 석봉보다 태어남을 기점으로 50여 년이 빠르다. 그런데 어떻게 두 사람의 글씨가 시공을 초월하여 같은 서원에 걸려 있는지 상식적으로 이해가 되지 않는 측면도 없지 않다. 그러나 돌이켜 보면 사실은 명확해진다. 회재 이후 한석봉의 휘호가 걸리고 시간이 흘러 화재로 소실이 되어 재창건이 이루어질 때 추사의 글씨가 다시 내걸린 것이 아닐까 짐작된다. 그만큼 회재 선생이 이룬 구국적 충정과 학문적 성과가 시대를 초월했음을 증명하는 흔적이 아닐까 생각한다.

### 탁월한 보편적 가치

또 이러한 시간의 행적을 고스란히 한자리에서 보는 것 자체가 방문의 묘미는 물론 시공간을 초월하는 역사적 의미를 마음속에 저장하는 소중한 기회일 것이다. 그리고 결국 이런 행위에는 노력이 필요하다. 여행이 꼭 시간을 비워 경제적인 문제를 해결하여 오직 즐기기만 하는 것이 아닌 만큼, 나아가 여행이 소비가 아니라 재투자라는 개념은 명확하게 자리를 잡아가고 있다. 그러므로 자투리 시간이라도 슬기롭게 투자하는 것이 여행의 현명한 활용이라는 말을 꼭 하고 싶다. 사족이지만, 여행의 개념에 대해 새로운 발상이 필요하다는 나름의 제언을 한다. 아는 만큼 보이는 것이 여행이고, 탐방이다. 무작정 떠나 관광의 소비와 눈에 보이는 풍광만을 카메라에, 휴대전화에 담아오는 여행의 시대는 지났다. 지나친 염려임을 안다. 문제는 그것이 나부터라는 걸 깨닫고 있다.

옥산서원의 가치를, 개인의 취향을 빌미로 아무리 설명한들 무슨 의미가 있을까. 우리의 많은 서원들이 그 각자의 가치와 존재의 의미를 가득 안고 있다.

옥산서원은 2019년 제43차 유네스코 세계유산위원회에서 한국의 14번째 유네스코 세계유산으로 등재되었다. 이번 유네스코 세계유

• 옥산서원 (추사 글씨)

● 옥산서원 (한석봉 글씨)

산으로 등재된 서원 9곳 중에는 영주 소수서원1543년 조선 최초의 서원, 대구의 도동서원, 안동 병산서원과 도산서원, 경주 옥산서원이 포함되어 있다. 지난 해 '산사, 한국의 산지승원Sansa, Buddhist Mountain Monasteries in Korea'이라는 이름으로 일곱 개의 사찰이 등재된 이후 2년 연속이다. 이로써 안동의 봉정사와 도산서원, 병산서원, 영주의 부석사와 소수서원은 나란히 세계유산이 되었다.

공립학교인 '향교'와 달리 사립학교인 '서원'은 향촌사회의 자발적인 참여로 세워진 교육기관이다. 세계유산위원회는 "오늘날까지 한국에서 교육과 사회적 관습 형태로 지속되어 온 성리학과 관련된 문화적 전통의 증거이며, 성리학 개념이 여건에 맞게 바뀌는 역사적 과정을 보여준다는 점에서 '탁월한 보편적 가치'OUV: Outstanding Universal Value가 인정된다."라며 등재 배경을 설명했다.

개인적인 취향이다. 안동 봉정사에 가서 그 돌계단에 앉아 10분만 시간을 내려놓길 권한다. 스님도 필요 없다. 종교는 이미 가치가 아니다. 그 너머이다. 쉰다고 쉬는 게 아니다. 행색을 갖추고 떠나면 어차피 구차하다. 옥산서원의 물소리는, 그 귀 기울임으로, 하여 내가 나를 증명하고 구원한다고 생각했다.

옥산서원은 회재 이언적1491~1553 선생이 배향된 서원이기도 하다.

회재가 누구인가? 인터넷을 뒤지면 누구라도 그 위인의 행장行狀과 공과를 쉽게 검색할 수 있다. 그러나 그것은 지극히 껍데기일 뿐이다. 문헌적인 의미를 떠나 그 위인의 행적이 뜻하는 바를 살펴보기로 하면 비록 표면적이기는 하지만 글의 맥락을 위해 서술하지 않을 수 없다.

회재 이언적은 지금의 강동면 양동리, 곧 양동 민속마을에서 태어났다. 겨우 10세에 아버지를 여의고 어머니 슬하에서 자라났다.

회재는 23세에 생원시에 합격하고 이듬해 문과 별시에 급제하여 관계에 발을 들여놓았다. 그러나 그의 재능은 다른 곳에 있었다. 정치적 경륜보다는 학문적 영역에서 더욱 빛이 났다. 정치는 발탁이었지만 학문은 선택이자 필연이었다. 무엇보다 선비, 공부하는 사람이었다. 자신의 본질에 충실한 사람이었다. 약관의 나이인 스무 살 이후의 무렵에 망기당忘機堂 조한보曹漢輔와의 논쟁인 '태극무극논변太極無極論辨'은 그의 학문적 명성을 일거에 높이는 계기였다. 그러나 우리는 이것을 알 필요는 없다. 변두리로 거치면서 그 향기를 맡는 것으로 충분하다. 후학의 이로움이다. 즐거운 일이 아닐 수 없다. 그러나 성찰은 필요하다.

이들의 논쟁은 조선조 철학적 논쟁의 첫머리를 장식하는 것이었다. 다만 정치적이었다는 것이 아쉽다. 시대의 명분과 이념에 함몰된 세력에의 집착인가, 생각이 많았다. 그러나 그것은 중요하지 않다. 어떻게 시대를 관통할 것인가, 이런 부분에서 선조들은 미래를 예측하지 못했다. 그럼에도 불구하고, 여기서 개진된 회재의 학설은 퇴계로부터 '이단의 사설邪說을 물리치고 성리학의 본원을 바로 세웠다.'는 평가를 받을 만큼 성리학 정통의 확립에 기여했다. 회재 선생은 퇴계보다 오래 앞선 사람이다. 그리고 고봉 기대승이 그 학설로 퇴계와 의미 있는 논쟁으로 더 유명한 일화들이 많음을 사람들은 기억하지 않고 있다.

그러나 그의 학문이 단순히 그의 시대에 단절된 것이 아니라 시대를 넘어 많은 영향을 미쳐 끊임없이 이어지고 이어져 수많은 학설들을 낳을 뿌리를 심은 것이었다. 우리는 이기와 이원을 알기에는 너무나 바쁘다. 굳이 알 필요는 없다. 선택의 문제이다. 그러나 본질에 대한 향수를 안고 살 필요는 있다고 생각한다. 공부는 늘, 일상의 일이기 때문이다.

공부는 아무것도 아니고 모든 것일 수도 있다.

회재가 41세 되던 해인 1531년이었다. 중앙정치의 중심에서 문중의 출중한 인재로서 뒷받침을 받거나 막강한 정치적 후광을 등에 업은 관리는 아니었다. 그런 그였지만 그래도 나름대로 화려하지는 않았지만 순탄하던 그의 벼슬살이는 처음으로 극단적인 좌절을 맞게 된다. 당시의 실력자 김안로金安老의 재임용을 반대하다가 관직을 박탈당하고 향리로 돌아온다. 선비로서 충언은 임금에게는 불충한 법이기도 하다. 시쳇말로 하면 진영논리에 휩싸인 거대 세력에게는 불가항력의 힘이었다.

## 스스로 자처한 유배

개인적으로는 불행한 일이지만 한편으로는 다행한 일이었다. 인생은 늘 호불호와 불행과 행복의 그 중간 지점에서 쳇바퀴를 도는 것이리라. 권력은 무상하고, 그래서 세상을 보는 눈이 깊어져 갈 수 있었다. 후학들에게는 다행스런 일이었는지도 몰랐다. 김안로가 중앙정계에서 무소불위의 권력을 휘두르는 현실에서는 정치적 재기가 무망하다고 판단한 그는 고향마을에서 가까운 안강의 자옥산 계곡으로 자리를 옮겨 지금까지 온전하게 전해지는 독락당을 짓고 은거생활에 들어가기로 결정했다.

하지만 이때의 은거가 단순히 물외物外에 노닐며 유유자적하는 한가로운 것은 아니었다. 주위에 펼쳐진 자연 속에서 자연의 질서와 섭리를 관조하기도 하고, 이웃에 있는 정혜사를 찾아 성리학의 테두리를 넘어서 선가나 도가의 주장을 섭렵하기도 하면서 학문과 사상의 폭을 넓히고 인격의 깊이를 더하는, 여유롭되 치열한 재충전의 기회로 삼았다.

드디어 47세 때, 7년 가까운 은거생활 끝에 그는 조정의 부름을 받고 독락당을 떠난다. 그 이후로는 참으로 무망하다. 이후 그의 벼슬길은 승승장구하여 종1품의 의정부 좌찬성까지 이르게 되지만, 이른바 대윤파와 소윤파의 대립으로 빚어진 을사사화의 와중에 정계에서 밀려나 낙향하고 만다.

현세의 우리를 비롯하여 많은 사람들은 역사에 빚을 지고 있다는 말을 요즈음의 행태에서 많이 느끼고 있다. 비록 그 내용은 다르지만 아마도 대윤과 소윤의 일화를 차용한 사람들의 현학적인 취미가 바로 여기에서 비롯된 것이 아니었나 싶다. 그것은 지적 허영에 불과하지

• 보물 제413호 옥산정사 독락당

않는 언어유희에 불과할 뿐만 아니라 역사의 의미를 잘못 해석하는 결과를 낳았다.

그들은 목숨을 걸고 싸운 집단세력이었다. 불충을 무릅쓰고 충언했다. 목숨보다 더한 명분, 학자적 자존, 선비의 원초적 정명定命이었다. 죄는 그뿐이었다. 씨족이 몰살당할 최고조의 벼랑에서 자신의 정당성을 확보하기 위해 온갖 명분의 개념과 시대적 명분을 위해 싸웠다. 잘했다는 것은 결코 아닐뿐더러 해석의 차이는 너무나 분분하다. 우리가 잘 알고 있는 율곡 이이마저 회재 선생이 을사사화에 곧은 말로 항거하며 절개를 지키지 못했다고 비판할 정도였다. 그러나 회재는 오히려 불의와 타협하지 않으면서도 온건한 해결책을 추구하였던 인물이라는 것이 후세의 평가이다. 그리고 그 역사적 평가는 충분히 이루어졌다. 그러나 당대의 이들은 한낱 드러난 단어에만 집착하여 지식의 낭비를 초래하는 경박한 모습을 보였다는 것은 아닌가, 짧은 나의 생각이다.

을사사화의 여파는 쉽게 가라앉지 않아 2년 뒤인 1547년에 발생한 '양재역 벽서사건'에까지 이어지는데, 회재 선생 또한 여기에 연좌되어 그해 9월 평안도의 강계로 유배된다.

말은 칼보다 무섭고, 회자膾炙되므로 그 비판에서 자유로울 수 없다. 아무도 벗어나지 못한다. 『노자』에 나오는, 천망회회 소이불실天網恢恢 疎而不失, 외면할 수 없다. 이 말은 선생을 지적하는 것이 아니라 앎[智]

이 곧 화禍가 되기도 하는, 그런 현실을 상기함이다. 그러나 유배는 정치가로서는 불행한 시기였지만 학자로서는 귀중한 기회였다고 할 수 있다. 선비는 장소를 가리지 않고 자기의 뜻을 펴기 위해 글을 쓰고 공부한다. 당대의 평판에 크게 개의치 않는다. 후대에 부끄럽지 않기 위해 현세를 디딤돌 삼아 미래를 전망한다. 가혹한 당대의 자신의 삶을 후회하거나 원망하지 않는다. 묵묵히 견디며 나라를 생각하고 후세를 지향한다.

회재는 6년간의 유배생활 동안 『대학장구보유大學章句補遺』, 『속대학혹문續大學或問』, 『중용구경연의中庸九經衍義』, 『구인록求仁錄』, 『진수팔규進修八規』 등 유학사에 길이 남을 저작들을 완성했다. 그리고 1553년 유배지 강계에서 숨을 거두어 63년의 고귀한 일생을 마감한다. 고향을 등진 그 마음, 타지에서 생의 마감, 어떠했을까. 유택幽宅과 배향配享의 의미, 지난하지만 그런 생각을 한다. 역사는 생각을 지배한다. 다만 모를 뿐, 아니 무사無事로 무시無視가 아닐까. 그런 생각이 무섭고 안타깝고 경외로울 뿐이다.

회재가 세상을 떠난 지 13년 만에 사림의 신원운동으로 복작復爵이 되었고, 다시 2년 뒤에는 영의정에 추증되고 명종 묘정에 배향, 마침내 광해군 2년1610에는 동방오현으로 문묘에 종사從祀되었다. 그것이 옥산서원의 역사이다. 오현이면 무엇인가.

나는 궁금하다. 모든 것은 죽음을 대신할 수 없다.

## 선비를 생각한다

결이 조금 다르긴 하지만 또 하나의 글이 떠올라 옮겨 본다. 조선 중기의 유명한 문신으로 선조의 신망을 두텁게 받았던 신흠申欽, 1566~1628이라는 선비, 재상의 글이다.

> 세상에서 일컬어 선비라고 불리는 사람들을 생각해 본다. 그 본질은 어떠한가. 그들이 받드는 것은 오직 권세이고, 애써 힘쓰는 것은 이익과 명예이며, 밝은 것은 당대의 유행이고, 굳게 지키는 바는 도덕이 어떠니 본성이 어떠니 하는 이야기뿐이며, 자랑스러워하는 것은 겉치레이고, 구태여 잘 하는 것이 남과 경쟁하는 것이다.
>
> 선비라는 사람들은 이 여섯 가지를 가지고 날마다 권력이 있는 사람의 집으로 몰려가 그의 취향이 어떠한지 엿보고 집주인의 뜻이 어떤지 알아내어 눈길 한번 받아낸 것으로 우쭐댄다. 말 한마디라도 받아내면 서로 좋아하고 축하해 주는 척한다.
>
> 이런 사람들을 선비라고 말한다면 이 땅 위에는 가로로 눈이 있고 세로로 귀가 달린 모든 사람이 모두 선비일 것이고, 그렇지 않은 사람들을 선비라고 부르지 않는다면 이 나라 안에서는 선비는 단 한 사람도 없다.

섬뜩할 정도로 냉혹하다. 무엇으로 하여금 그의 시선이 이렇게 차가워졌을까. 혹은 자신의 내면을 향한 준엄한 꾸짖음은 아니었을까,

모를 일이다. 생각하기에 회재 선생은 전자의 일로 이렇게 준엄한 심판을 내리지는 않았으리라는 것이 나의 생각이다. 아무리 높은 관직에 있더라도, 그 관직이 일인지하 만인지상의 자리라 하더라도, 서로의 이익에 부합되지 않으면 처절하게 상대를 응징하는 운명과 숙명의 싸움판이 곧 조정이었다. 명분에 불과한 숱한 많은 신하들이 분명히 존재했을 것이다. 공정한 심판이 되어야 할 임금의 현명한 판단이 작용하지 못하면 하루아침에 먼먼 외딴 곳에서 이슬로 사라지는 왕조의 신하였음에 도처에 깔려있는 지뢰밭을 무사히 통과하기 위한 자신의 마음가짐을 돌고 돌았음의 표현이 분명했을 것이다.

그의 발언은 한걸음 더 나아간다. 그런데 읽을수록 오늘날의 현실적인 정치판에의 직시로 보여지는 것, 그 기시감데자뷰, 도플 갱어의 현실, 모골이 송연하도록 섬뜩하다.

> 권세를 좇는 사람을 등용해서 학사(學士)를 삼기도 하고, 간관(諫官)을 삼기도 하며, 공경(公卿)을 삼는다면, 이들은 현달(顯達)할수록 욕심은 불어나고 벼슬이 높아질수록 기세가 등등해져 나라를 갈수록 위축시키고 임금은 갈수록 고립될 것이다.

몇 백 년의 시간이 지나서도 혜안의 진리는 변하지 않는 모양이다. 어떠한가, 지금의 세상살이가? 이념은 찬란해도 행동은 지저분하고,

● 세심대의 맑은 물

구호는 있어도 반성은 없다.

유수불부 호추불두流水不腐 戶樞不蠹, 흐르는 물은 썩지 않고 지도리는 좀먹지 않는다는 말이 하나 흐트러짐이 없다.

옥산서원을 나와 논길을 따라 10분 정도 걸으면 독락당이 나온다. 물론 아스팔트길이긴 하지만 주위는 온통 논과 밭이다. 멀리 자옥산이 마을을 고즈넉하게 내려다보고 있다. 바람도 잠잠하고 햇살은 투명하다. 독락당으로 향하는 발걸음이 고른 소리를 낸다. 바쁜 것도 아니거니와 한 사람의 체취를 확인하러 가는 길에 서두를 일이 없다.

벌써부터 묵향이 스미어 나오는 듯하다. 멀리서 보아도 소탈하면서도 우아하며 낮지만 초췌하지 않다. 물각유주物各有主라 했다. 모든 물건에는 각자의 주인이 있음을 가리키는 말이다. 독락당은 원래부터 그 자리에 있었다. 회재 선생이 그것을 세상에 드러내었을 뿐이다. 나는 그렇게 생각했다.

『민족문화대백과사전』을 검색하다 조선 선조 때의 문인 노계 박인로의 가사 중에서 독락당을 제목으로 한 작품이 눈에 띄어 자세히 읽어 보았다. 노계 역시 독락당이 있는 안강 인근의 영천 출신 문인이다. 그가 낙향하여 독락당을 참배한 것은 너무도 당연한 일이었을 것이다. 독락당 가사는 모두 열 편으로 구성되어 있는데 셋째와 넷째의 가사가 너무나 독락당을 적확하게 표현하고 있다는 생각이 들었다.

청라를 헤혀 들어 독락당을 열어 내니

● 독락당

유한 경치는 견할 데 뇌야 없네
천간 수죽은 벽계 좇아 둘러 있고
만권 서책은 사벽에 쌓였으니
안증이 재좌하고 유하는 재우할 듯
상우천고하며 음영을 일을 삼아
한중정리에 잠사자득 하여 혼자 즐겨 하시었다
독락이 이름 청정한 줄 그 뉘 알리
사마온공 독락원이 아무려 좋다 한들
그간 진락이야 이 독락에 더로손가

심진을 못내 하여 양진암에 놀아 들어
임풍정간하니 내 뜻도 형연하다
퇴계 선생 수필이 진득인 줄 알리로다
관어대 나려오니 깔온 듯한 반석에 장구흔이 보이는 듯
수재장송은 옛 빛을 띠었으니
의연이 물색이 그 더욱 반가울사
신청기상하여 지란실에 든 듯하다

셋째 수인 위의 가사는 독락당의 유려한 경치와 더불어 한가하고 고요한 가운데 생각에 잠기고 깨닫던 회재 선생의 모습을 표현한 듯하다. 안증顔曾은 공자의 제자인 안회顔回와 증삼曾參을, 유하游夏 역시 공자의 제자인 자유子游와 자하子夏를 좌우에 거느린 공자에 비유한 것이다.

넷째 수인 아래의 가사에서는 이황李滉의 친필이 담긴 양진암養眞庵과 관어대觀魚臺 반석盤石 위에 남은 이언적 선생의 지팡이와 신발 자국, 손수 심은 큰 소나무를 대하니 마치 지란실芝蘭室에 들어간 듯하다고 표현한 것이다. 지란실은 신선이 머무는 곳을 가리킨다.

노계는 한 달여 정도를 머물면서 그의 문집을 살펴보고 나서는 그것이 모두 성현의 말이어서 해와 달같이 밝으므로 밤길에 촛불을 들고 가는 것 같다고 했다. 그는 회재의 유훈遺訓을 가슴깊이 새겨 그를 태산북두泰山北斗처럼 추앙하며 가슴 깊이 새긴 듯하다. 아름답다.

나아가 이 가사에서 노계는 성현의 치세에 대한 동경, 현실과 이상의 불합치에서 오는 자신의 고민이 동병상련의 아픔으로 표출된 것으로 보아도 무방할 것이다. 왕조는 사상마저도 통제했지만, 죽순처럼 올라오는 자유의 이념은 아무도 꺾지 못했을 것이다.

그래서 낙향落鄕이고, 독락獨樂이다.

## 선비, 고고함과 어울림의 지평선

독락당은 아직까지 회재의 후손들이 그대로 생활하고 있다. 구석구석까지 둘러보며 선현의 향기를 맡을 수는 없지만 그 풍광과 구조만으로도 형언할 수 없는 감회를 느끼기에 부족함이 없다. 독락당은 회재의 집이기도 하지만 정확하게 말하면 사랑채인데, 그 모두를 합친

통칭이라고 해야 할 것이다. 국가지정 문화재 보물 제413호로 지정된 독락당은, 정확히 말하면 독락당의 사랑채는 정면 4칸, 측면 2칸의 단층팔작지붕집이다. 서쪽에 정면 1칸, 측면 2칸의 온돌방을 두고 동쪽의 정면 3칸, 측면 2칸에는 전부 우물마루를 깔아 사랑대청으로 만들었다. 대청마루 중앙에는 온돌방의 중앙에 네모진 기둥을 세웠다. 온돌방에는 띠살 창호를 냈으며, 대청에는 정면 3칸을 창문이 없이 모두 개방해 둔 구조를 한 목조건축물이다.

독락당은 정문에서 바라보면 그저 평범한 고택처럼 보인다. 하지만 이 집의 백미는 고택 옆을 흐르는 계곡에 내려가 보면 잘 알 수 있다. 옥산서원으로 이어지는 개울인 옥산천 계곡의 경사면을 그대로 건축에 이용하여 마치 누각을 세우듯 고택의 일부를 계곡의 경사면에 걸쳐 놓고 집안에 정자를 만들어 놓은 듯 독특한 구조를 만들어 놓았다.

언뜻 보기에는 소박하게 느껴질 정도로 작은 집이지만 그 안에는 많은 건물들이 아주 유기적으로 연결되어 있다. 옥산정사와 한 방을 건너 독락당이라는 건물이 있고, 그 밖에도 역락재, 경청재, 계정, 양진암 등이 있다. 좁은 소견이지만 정사와 암자 이름으로도 건물의 이름을 붙인 것을 보면 회재가 성리학뿐만 아니라 불교적 소양과 관심도 뛰어났음을 엿볼 수 있다. 많은 선현들이 그랬듯이 유불선의 통합을 통한 이상 세계를 염원한 깊은 명상을 보는 듯했다.

선현의 자취를 좇는 것은 안개 속을 헤매는 것과 마찬가지이다. 그것은 밝은 대낮에 등불을 들고 다니는 것과 마찬가지일 거라는 생각이 들게 했다. 우리는 왜 이 시대에 와서 다시 과거를 반추하는가? 굳이 회재가 아니더라도 더 많은 성현의 가르침을 구하는가? 옥산서원과 독락당을 돌아보면서 유독 이 질문이 머리를 떠나지 않았다.

나는 그 답을 멀리서 찾을 필요가 없음을 절실히 느낄 수 있었다. 철학의 부재, 인문학적 상상력의 부족이 바로 그 이유였다. 누구랄 것도 없이 우리는 앞만 보고 달렸다. 부족한 정보는 컴퓨터와 휴대전화가 다 해결해 주니 고민할 필요가 없었다. 온고지신溫故知新과 법고창신法古創新이란 말은 무슨 잠꼬대 같은 소리인가, 그렇게 치부해 버렸다. 그러나 아무리 생각해도 무언가 비어 있다. 혼자서 무얼 한다는 것이 얼마나 처량한 일인지 일찍부터 그 두려움을 알아 버렸다. 풍요 속에 빈곤이란 말이 얼마나 뼈아픈 말인지 미처 몰랐다. 갈증은 아무리 물을 마셔도 해결되지 않는다.

나는 이 환한 대낮에 옥산서원과 독락당을 둘러보면서 안개가 가득한 먼 길을 걷고 있었다. 누구도 자신의 내일을 정확하게 예측하지는 못하겠지만, 그러나 자신만의 내면의 길을 오래 직시하면 어떠한 변화에도 굳건하게 장담할 수 있는 하나의 지혜 정도는 챙길 수 있을 것이다. 그것이 바로 인문학적 정서에 기초한, 어떠한 세월의 부침

• 독락당 내 텃밭

浮沈에도 견디고 지탱하는, 자신만의 내공을 갖출 수 있을 것이다. 노계 박인로가 느꼈던 격한 감정, 선현에의 동경심, 지식에의 갈구, 통찰할 수 있는 혜안, 시대를 뛰어넘는 결속력, 이런 것들을 가슴에 새기는 것이 우리에게는 필요하다. 그것이 바로 인문학이 우리에게 제공하는 마음의 동력動力일 것이다. 시대를 뛰어 넘어 일관되게 우리의 정신을 관통하는 그 어떤 힘이 인문학에는 있다. 우리는 얼마나 자신을 잘 알고 있는가. 그러한 철학이 조금이라도 구비되어 있는가. 회재 선생이 준엄하게 꾸짖는 듯하다.

우연한 기회에 친구가 선물한 시집 한 권에 「옥산서원 독락당」이라는 시가 있어, 반가운 마음에 순식간에 일독하였다. 다소 길고 장중한 분위기의 시였지만, 옥산서원과 독락당의 연관관계, 그리고 그 정신이 오롯이 녹아있는 뜻깊은 시라 생각되어 다소 길지만 그 전문을 옮긴다.

[ 옥산서원 독락당 ]

스스로 견딜 힘이 없었다
내재적(內在的)이기 전에 표출(表出)의 벼슬살이
그 귀속(歸屬)이 일찍부터 좋지 않았지만,
가문의 영화를 거부할 수 없었다
주인공의 삶이 존재하지 않았다

다음 임금의 스승이면 무엇인가
홀어머니 한 분, 내 몸뚱이 제대로 건사하지 못했다
어머님은 마다하시지만, 나라의 동량(棟梁), 그 일부분,
그런 명분이 변명이 아니었을까, 근본적인 생각이 든다
곰방대의 하얀 연기 같은 것,
그렇게 삶은 축약적인 것, 해석은 후대의 몫,
그래서 오늘의 목숨, 호흡이 불편하고 부당하지만
껴안고 가야 한다
시간은 기다려 주지 않을 것이다
패륜이 법통의 이름으로 치세의 방편인 것도 익히 보았다
이만하면 기특하다
훗날 퇴계와 고봉이 서로 편지한 것을 보면
징검다리 하나는 놓은 셈이다
허나 시대를 계산하는 예측은 적중하지 않음이 분명하다
돌아보면, 위만 바라보았다, 애민(愛民)하지 못했다
명분과 변명의 울타리 안에서 오히려 불충불효했다.
예(禮)와 리(理)에 안착하면서도 노비의 힘을 빌었다
기득권이라면 나는 절대 자유롭지가 않다
자위로서의 독락(獨樂)인가, 날마다 고개를 흔든다
서원을 나와 집으로 간다
젊은 선비들의 글 읽는 소리 물소리보다 청명하지만
글만 읽지 말아라, 세상을 읽어라 재촉하는 듯
늙은 하인의 빗자루 소리가 발목을 잡는다

그렇다, 더 일찍 옥산으로 왔어야 했고
옥산에서 더 멀어져야 했다
돌아보면 직언(直言) 한 마디 하지 못했다
교훈만 말하는 죽은 입이지 않았던가
양명(揚名)이 끝이 아닌 것을,
애초에 입신(立身)조차 제대로 이루지 못했다
슬프다, 소나무보다 못한 사림(士林)으로
어찌 민심을 구축할 수 있는가
나날이 근신하여 후학의 길이라도 열어야 한다
독락이 명분으로 치우쳐서는 절대 안 된다
내일부터는 빗자루라도 쓸고
인분(人糞) 켜켜 쌓여 녹아진 채소밭 둘러보리라
아내를 소중하게 안는다, 순서가 이것이리라.

_ 이우근 시집, 『개떡같아도 찰떡처럼』 중에서

"젊은 선비들의 글 읽는 소리 물소리보다 청명하지만 글만 읽지 말아라, 세상을 읽어라 재촉하는 듯" 시인의 절절한 목소리가 물소리처럼 가슴 속으로 스민다. 회재 선생의 목소리는 그 아래 깊은 곳에서 더욱 둔중하게 울리고 있다.

# 마을의 힘, 사람의 힘, 시간의 힘

## 남평문씨본리세거지(南平文氏本里世居地)

한옥의 창문을 공부하다가 '자다가 봉창 두드리다'라는 말의 봉창을
남평문씨본리세거지에서 소개 받았다.

내다보는 것이 창(窓)이라면 여는 것이 문(門)이다.
분합문, 미닫이문, 미서기문에는 바라지창, 광창 등 크고 작은 창이 있다.
그 창으로 조상들은 능소화를 내다보았을 것이니
문을 열고 좀처럼 길가까지는 나가지 않았을 것이다.

봉창은 내다보는 창이 아니라 빛과 공기가 드나드는 문이다.

남평문씨본리세거지의 봉창은 사랑채의 창문 위에 달려 있다.

종이로 발라 놓은 봉창은 햇볕으로 열 수 있으나
사람이 두드리면 열리지 않는다.
누가 봉창을 두드렸을까.
들어갈 수 없는 문을 두드려 난감해진 조상은 누구였을까.

돌과 묵은 이끼가 있는 연못에도 봉창이 있다.
문을 열고 연못까지 걸어간 조상은 거기서 한울 같은 잉어를 만나
물 위에 봉창을 만들었으리라.
구름 문 하나를 연못에 풀어놓았으리라.

동본(同本)이나 나는 대구 달성에 가본 적은 없다.

문정영 시인의 「남평문씨본리세거지」라는 시의 전문全文이다.

시인의 말대로 동본이기나 하나 한 번도 가본 적이 없는 마을을 두고도 이런 아름다운 시를 쓸 수 있다는 것은, 사람의 기억을 환기시켜 본질을 확인하게 하는 어떤 모티브가 있기 때문일 것이다. 나는 그것을 마을의 힘, 사람의 힘, 시간의 힘이라고 표현하고 싶다. 이러한 것은 학습되는 것이 아니다. 본질적으로, 태생적으로 핏속에 녹아 있기 때문이다. 한 번도 가본 적이 없어도, 동본만으로도 그것이 가능하다는, 시인의 원초적, 그리고 선험적인 기억에서의 자연스러운 발로이다.

• 남평문씨본리세거지(南平文氏本里世居地) 전경

사람은 기억의 동물이다. 본능적인 학습은 동물에게는 그 생애에 있어서 필수적인 행동이지만, 그것이 지속되고 반복되지만 진화하지는 않는다. 그러나 사람은 하나의 기억을 바탕으로 꾸준히 진화하는 뛰어난 학습능력과 더불어 창조적인 공간을 만들어낸다. 이와 동시에 정신적인 계발을 통해 보다 나은 삶, 보다 나은 공간, 더 좋은 미래를 만들어가면서 인간의 가치와 삶의 질을 확장시키고 확대시킨다.

'남평문씨본리세거지南平文氏本里世居地'는 대구광역시 달성군 화원읍에 위치해 있다. 오직 남평문씨 문익점 선생의 후손과 일족들이 살고 있는 곳이다. 자부심으로 똘똘 뭉친 마을이다. 지금은 조선 후기의 전통가옥 아홉 채와 정자 두 채가 남아 있다. 대구광역시의 민속문화재 제3호로 지정된 옛 마을이다.

본리의 양식을 기본적으로 알고 나면 왜 이 마을이 이러한 구조이고, 이런 양식인지 알기가 쉽다. 세거지는 9가家, 2당堂, 1문고文庫로 기억하면 된다. 이 마을은 제일 큰 집을 종택이라 했다. 죽헌종택이다. 그 다음 집을 고택이라 했다. 수봉과 보당이 그 건물이다. 그 다음의 집은 가家라고 했다. 약산, 유당, 탄당, 춘강, 현채, 현택 가가 바로 그 이름이다.

이 세거지를 이해하는 데는 몇 가지 전제적인 요건이 있다. 그 처음은 남평문씨에 관한 설화이다.

전라남도 나주의 남평이란 곳에는 장자지長者池라는 연못이 있었는데, 이곳 수령이 하루는 못가의 바위 위에서 돌로 만든 상자인 석함을

• 남평문씨본리세거지 죽헌종택과 종부

발견했다고 한다. 울음소리가 들려 함을 열어보니 갓난아기가 거기 있었다고 한다. 함 속의 아이는 남자로 백옥 같은 피부와 맑은 용모의 아름다운 아이였다고 한다. 그리고 그 석함에는 문文 자가 새겨져 있어 '문'씨 성을 얻게 되었고, 이름은 '다성多省'이라 불리게 되었다고 한다. 그 수령이 아이를 거두어 키웠는데, 다섯 살에 문사에 통달했고, 약관의 나이가 되기도 전에 중요한 관직을 다 섭렵할 정도로 뛰어난 인물이었다고 한다. 이런 연유로 후손들은 그를 시조로, 남평을 본관으로 삼았다고 한다.

두 번째는 삼우당三憂堂 문익점 선생에 관한 이야기다. 우리가 잘 알고 있는 그 역사적 인물이다. 삼우당은 고려의 과거시험은 물론 원나라의 시험에서도 급제한 인물로 유명하다. 그리고 그가 서장관으로 원나라에 갔다가 돌아올 때, 붓 뚜껑에 목화씨 세 알을 가져와 우리나라에 보급함으로써 우리의 의복사에 획기적인 변화를 일으키게 했다는 전설적인 이야기는 아직도 뇌리에 생생하다. 고려가 멸망하면서 조선이 건국되자 벼슬을 그만 두고 낙향하게 되었는데, 그곳이 바로 이곳 인흥이 아니었나 추측된다. 삼우당 선생의 처가도 그 일부분일 것이다. 그의 호에서도 보듯 삼우당은 역시 올곧은 선비였다. 나라의 멸망을 수습하지 못한 선비의 불충과 부끄러움을 고스란히 안고 지조를 지켰다는 것을 쉽게 짐작할 수 있다. 삼우三憂, 나라가 일어서지 못하고, 유학이 전해지지 못하고, 자신의 도가 밝지 못함을 근심한다는 뜻이니, 천생 선비요, 천생 충신이다. 자신에게는, 우리가 보기에는,

가학적이기까지 하다. 선비의 천형天刑인가!

아울러 개인적인 생각이긴 하지만 인흥仁興에 대한 나의 생각이다. 본리라는 명칭은 정말 많은 곳에 산재되어 있다. 본리는 본 동네라는 뜻으로, 마을에 대한 이해가 부족했던 일제강점기의 행정 담당자들이 일괄적으로 붙인 이름이라고 짐작할 수 있다. 정식 명칭이 본리세거지로 등록되어 있어 공식적인 용어이긴 하지만 고려해 볼 여지는 충분하다고 생각이 된다. 그 이유를 나는 다음과 같이 생각한다.

인흥은 인흥사에서 유래되었다고 전해진다. 그 동네의 사람들도 그렇게 동의하는 것으로 추측한다. 인흥마을은 천 년 전에 창건된 것으로 알려진 인흥사라는, 신라 혹은 고려 초의 사찰로, 이 절은 『삼국유사』의 저자인 일연 스님이 오래 주석하면서 그 인연이 시작되었다고 한다. 인흥사 삼층석탑, 죽헌종택의 고려정 우물, 그리고 광거정을 재건할 때의 석재나 목재들이 다시 사용되었다는 사실이 그 어른들의 집념을 여실히 보여준다. 수백당 아래 누워 있는 두 개의 송덕비가 말하는 그 진실은 무엇인가. 명분이 없으면 치적도 없고 치적은 애초에 없었으니 무엇을 송덕한단 말인가. 마땅히 해야 할 일을 함을 송덕함이 그 어찌 가당찮은 일인가, 그런 말씀으로 들렸다. 경외의 부분이다. 이런 것을 공부해야 한다. 나는 그렇게 생각했다.

광거당廣居堂에서 차를 마신다. 평소에는 개문하지 않을 수밖에 없는 것이 너무나 많은 왕래객으로 인해 관리의 어려움이 많다 보니 부득이 그럴 수밖에 없는 현실이다 보니, 본의 아니게, 대접을 받는다.

그러나 차 한 잔의 대접보다는 마음이 담겨 있다. 이렇게 핑계 아닌 변명을 한다. 소소하달 수도 있지만, 배려의 마음이 깊어 좋다. 이보다 더 융숭한 대접은 없다.

서둘러 준비한 차 한 잔, 서툴고 겸연해서, 거기에, 가을하늘이 담긴다. 긴 그림자가 찻잔에 잠긴다. 고양이들이 경계의 날카로운 울음을 운다. 지레 조심함일까, 나와 같은 서툰 백면서생白面書生은 늘 긴장하기 마련이다. 부끄럽지 않으면 사람이 아니다. 부끄럽지 않기 위해 공부하고 노력해야 한다. 광거당에서 느낀다.

광거당에서는 침묵해야 한다. 그렇게 천천히 걸어야 한다.

위대한 철학자 비트겐슈타인은 이렇게 말했다. 말할 수 없는 것에 대해서는 침묵하라고 했다. 나는 광거정에서 그 말의 뜻을 이해한다.

광거당에서 보는 편액에서 많은 것을 배운다. 글자 하나를, 그 뜻을 이해하고 깊은 뜻을 되새기는 것은 참 즐거운 일이다. 백 번을 곱씹어도 식상하지 않고 오히려 채찍질이다.

수석노태지관壽石老苔池館, 광거루 옆의 편액의 글씨는 추사 선생의 글씨다. 추사는 아무리 생각해도 천재임에 분명하다. 다만, 시대의 문제일 뿐이다. 수석노태지관은, 수석과 묵은 이끼와 연못이 있는 집이라는 뜻인데, 광거루의 역사를 대변하는 글이다. 있는 그대로를 표현하는 것, 쉽지가 않다. 그러한 것은 아무나 성찰하지 못한다. 침묵하

廣居堂

● 광거당

되, 그 침묵이 우레와 같다. 나는 거기에서 자리 잡고 차 한 잔을 마신다.

광거의 뜻은 이러하다고 한다.

광거廣居는 『맹자』의 승문공장구하滕文公章句下에 나오는 글로, "천하에서 가장 넓은 집에 살고, 천하에서 가장 바른 자리에 서며, 천하에서 가장 넓은 길로 간다."는 뜻이라고 한다. 주자는 이에 주註를 달기를, 광거廣居는 인仁이고, 정위正位는 예禮이며, 대도大道는 의義라고 설명했다. 문자에 현혹당할 순 없지만 본질에의 집착은 배우고 지향해야 할 일이라고 나는 생각했다. 오직, 실천이다. 서생이 아니라 실학의 실천자로서의 공무적公務的 인간, 아, 너무 아득하다. 근신하고 또 근학해야 할 일임을 자각한다.

고산경행루高山景行樓가 보인다. 사람이 우러러보는 높은 산을 보고 큰 길을 걷는다는 의미, 세상 사람들에게 널리 존경을 받는 사람으로 성장할 수 있도록, 또한 그 길을 걷도록 독려하는 말일 것이다. 어디 그것이 정말 쉬운 일인가?

쾌활快活, 수백당 뒤쪽 마루 위에 걸린 편액으로 '항상 즐겁고 명랑하게 지낸다'는 의미이다. 그러나 선비가 어찌 편하고 즐거울 수 있는가. 그럼에도 불구하고 미래지향적이면서도 현실을 직시하는 청빈의 삶을 가르치고 있다. 암울해도 백성을 위한 희망적 메시지를 전하면서 그것이 곧 다

다를 현실임을 자각하게 하면서 스스로 미래를 직시하며 몸소 실천을 통해 오직 다가가고자 한 지식인의 슬픈 자화상, 대안은 있으나 시대적 한계에 봉착한 그 자화상, 우리는 짐작할 수 있다.

아회雅懷, 글을 짓기 위해 모인 모임이란 뜻인데, 이 글을 보는 순간 잠깐 눈물이 났다. 늘 그렇지 않지만 문득문득 그렇다. 글을 읽는다니, 이 시대에! 아름다운 생각이나 마음, 이런 것들을 늘 지속적으로 간직할 수 있을까. 세상은 부끄러움보다 아름다운 것이 많음에도 불구하고, 늘 어둡고 전망은 아득하다. 어느 언론학자는 말했다. 신문은, 좋은 소식은 하루에 식상하고, 매일 충격적이고 엽기적인 소식이 소재거리가 된다고, 그래야 관심을 끈다고 말했다. 언론의 본질이라고 생각하니 그러려니 생각하지만, 정도는 아닌 것 같아 안타깝다. 세상은 아름다워야 한다.

사실은 있되, 진실은 어디에 있는가? 그래서 글을 읽는다. 그래야 세상을 알 수 있다. 공부의 힘이다. 인문의 힘이다. 그래야 바로 산다. 나는 그렇게 생각했다.

경유당敬遺堂의 중후한 전서체, 위창葦滄 오세창吳世昌, 1864~1953의 글씨로, 조상이 남긴 것을 공경히 지킨다는 의미이다. 공경해야 할 일은 우리에게 있어 하나 둘 뿐일까, 마음을 다진다.

이청각履淸閣이다.

이청履淸이란 청렴을 밟는다는 의미로, 사백루思白樓와 나란히 연결하면 '청렴결백'이라고 해석이 된다. 수백당守白堂의 당호는 결백을 지키는 집이란 의미이다. 공적인 인간이라면 이 정도의 자기정화, 자기검열이 혹독하게 필요했다. 결기가 느껴진다.

사죽헌思竹軒 앞에 선다.

돌담도 좋고 능소화도 눈부시다. 그러나 사람의 향기가 더욱 좋다. 사죽헌은 대구시장을 역임하신 문희갑 선생의 사저이다. 아직도 여전히 기거하고 계신다. 개인적인 인연이 있다. 문희갑 선생께서 대구시장으로 봉직하고 계실 때 2년의 세월을 모시면서 많은 것을 배웠다. 참으로 정직하고 강직하신 분이었다. 문화적 감각은 너무나 뛰어나서, 기본을 다지는 일이, 사람의 길이 무엇인지 보여주셨다. 함자 옆의 자그마한, 또 다른 문패인 듯한 글귀가, 다시 보아도 곱씹을 글귀가 있다. 볼 때마다 마음이 뜨겁고, 또한 서늘하다. 선생은 역사의 부분이었다. 공과의 문제를 떠나 늘 존경하는 마음이 앞선다. 비록 나이 들어 낙향落鄕 하셨어도, 뜻을 지키고 사는 그 삶이 부럽고, 공경할 이유가 있다. 외지外地에 계셔도 늘 중심이시다. 당호라 할 수는 없지만 그 글이 늘 마음에 그늘을 남긴다.

얻었다 한들 본래 있던 것
잃었다 한들 본래 없던 것

할 말을 다하고 사는 사람은 없을 것이다. 사람은 정치적이다. 원초적으로 행정行政의 테두리 안에서 살 수밖에 없다. 민주民主의 이름으

• 사죽헌, 아름다운 돌담길

• 수봉정사(수백당)

• 수봉정사(수백당) 주인 문태갑 어른

로 모든 것을 해결할 수는 없다. 공과功過는 역사적으로 밝힐 것이다.

여기에 더해 밝히고 싶은 분이 계시다. 문태갑 선생님 이야기다.

세거지에는 오래 아흔 해를 넘게 보내시면서 좌정하고 계신다. 육체의 노쇠는 불가항력이지만, 정신은 시들지 않는다. 그리고 역사는 만들어지지 않는다. 만들어가는 것이다. 그 중심이시다. 역사는 살아 있다.

선생님은 지역의 든든한 어른이시다. 나이를 초월한다. 그렇게 시대를 초월하여 감각적인 분이시다. 동시대를 같이 살아가는, 그러하고자, 이해하고자, 넓은 마음으로, 받아들이시는 분이다. 이런 어른이 계시는 것, 그것이 바로 대구의 힘이다. 주신 말씀이 있어, 적는다. 평범하지만, 바른 진리이다. 공자께서도 말했듯이, 아무리 쉬운 가르침이라도 실천하지 않으면 아무런 도움도 되지 않을뿐더러, 스스로의 발전도 없다.

1. 하루에 수면은 네 시간만 자라.
2. 잘 때는 오른쪽으로 누워라.
3. 바람벽으로 마주 눕지 마라.
4. 새벽엔 창문을 열고 신선한 공기를 마셔라.
5. 술은 백혈구를 손상시키니 마시지 마라.
6. 과식하지 마라.
7. 젖 먹는 아기를 방해하지 마라.

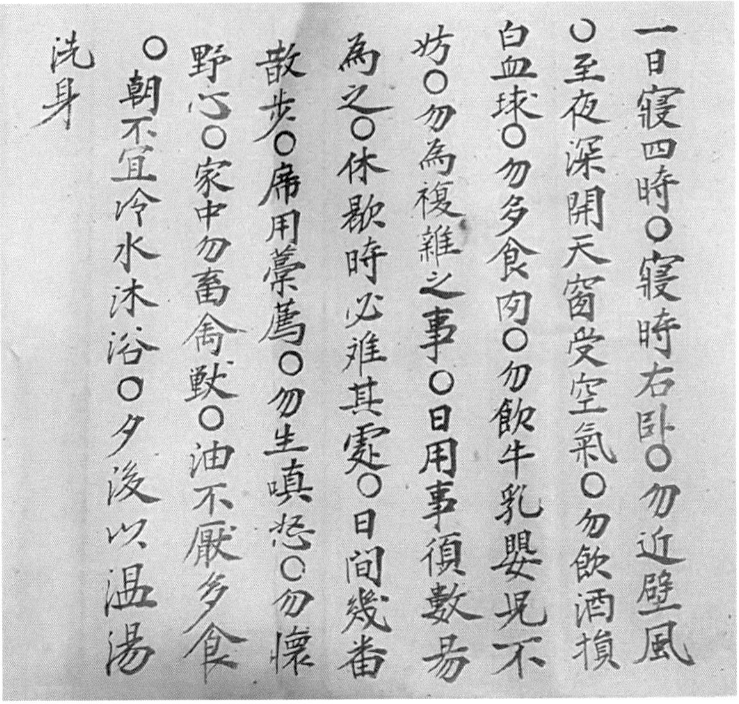
一日寢四時○寢時右臥○勿近壁風
○至夜深開天窗受空氣○勿飲酒損
白血球○勿多食肉○勿飲牛乳嬰兒不
妨○勿為複雜之事○日用事須數易
為之○休歇時必離其處○日間幾番
散步○席用藁薦○勿生嗔怒○勿懷
野心○家中勿畜禽獸○油不厭多食
○朝不宜冷水沐浴○夕後以溫湯
洗身

8. 복잡한 일에 휘말리지 마라.

9. 모든 일상사를 쉽고 편하게 처리하라.

10. 쉴 때는 그곳을 떠나라.

11. 하루에 자주 산책을 하라.

12. 앉을 때는 볏짚을 깔고 앉아라.

13. 왈칵 화내지 마라.

14. 속된 야심을 품지 마라.

15. 집안에 새나 애완동물을 들이지 마라.

16. 기름기 많은 음식을 적게 먹으라.

17. 아침에는 냉수로 씻지 마라.

18. 저녁에도 따뜻한 물로 몸을 씻으라.

살다보면, 결국에는 진실은 간단하다. 우리가 따라하지 못하고, 그저 공감하면서, 흉내를 내거나, 시작이 반일 뿐인 실천력이 부족하다. 진실과 현상은 위대하지 않다. 작은 것에서 시작이다. 어른의 말씀이 하나 없이 담백하다. 그 정신의 단련의 결과가 비록 우리가 보기에 너무 사소할지도 모를 일이지만, 결과는 어마어마하다. 삶이, 명분에 머물지는 않는다. 실천으로, 증명함으로, 그 위대함이 완성된다. 나는 그 곁에서 나날이 배운다.

인흥을 다시 생각한다.

보이지 않는 것이 보이는 것보다 더욱 소중하다.

천 년이 백 년보다 못할까?

# 오래된 미래 혹은 지속가능한 과거

## 대구 둔산동 경주 최 씨 종택(慶州崔氏 宗宅)

『오래된 미래』라는 책이 있다. 언어학자이자 작가이며 사회운동가인 스웨덴 출신의 헬레나 노르베리 호지 여사의 책 제목이다.

이 책은 서부 히말라야 고원의 작은 지역인 라다크에서의 생활을 통해 빈약한 자원과 혹독한 기후에도 불구하고 조상으로부터 전해 내려오는 생태적 지혜를 통해 천 년이 넘도록 평화롭고 건강한 공동체를 유지해 온 놀라운 경험을 소개하고 있다. 그러나 그러한 전통에도 불구하고 물밀 듯 밀려드는 서구적 방식의 일방적인 개발로 환경은 무참히 파괴되고, 계층과 빈부로 인한 사회적 분열의 과정을 자세하게 보여주고 있다.

이 책에서 그는 사회적, 생태적 재앙에 직면한 우리의 미래에 대한 구체적인 희망은 개발 이전의 그들만의 삶의 방식이라고 강조한다. 개방된 사회구조로 인해 서구세계와는 너무나도 다른 가치로 살아가는 라다크 사람들의 생활의 한 단면을 면밀히 관찰하면서, 본격적인 전 지구적 문제를 다시 생각하게 만드는 책이다. 대체 가능한 문제일까?

우리는 하나의 대상에서 여러 가지 문제를 늘상 발견하게 된다. 사고하지 않으면 인간은 죽은 무기질이다. 정해진 일상의 생활에 쫓기거나 기계적으로 순응하다 보면 어느 틈엔가 잃어버린 자신을 돌아보게 된다. 사람들은 늘 피곤을 호소하고, 그럼에도 불구하고 열심히 일한다. 생존이기 때문이다. 거기에 보태 사회적인 자기의 역할에 관심을 쏟게 된다. 더 피곤해진다.

타인과의 위치에서 오는 삶의 격차는 자신도 모르는 사이에 더욱 벌어지고 있는데, 나만 모르고 오늘도 달리고 있다. 빈부 격차에 세대 격차까지 그 간격이 넓어지고 있다. 그러나 아랑곳하지 않고, 오직 나만을 위해, 그래야만 더 나은 미래가 보장된다고 믿기 때문이다. 그러나 그런 약속은 이제 따로 정해져 있지 않다. 그렇게 자신을 잃어버리고 나면, 정작 가야 할 길은 잃어버리게 된다. 무서운 일이다.

시작부터 이런 썰렁한 말로 글을 쓴다는 것이 미안하고 괴롭다. 어쩌면 나 자신부터 이런 처지가 아닐까 하는 통렬한 반성이 들기도 한다. 대구 둔산동 경주 최 씨 종택에 들를 때마다 이런 생각이 들었다.

그리고 이 책에 나오는 다음의 말이 정말 가슴에 다가왔다.

> "늙은 사람은 생활의 모든 분야에 참여한다.
> 라다크의 늙은 사람들에게는 쓸모없이 혼자서 허공을 바라보며 지내는 세월이 없다. 나이가 많다는 것은 소중한 경험과 지혜를 가지고 있다는 것을 뜻한다.
> 전통 라다크 사회에서는 다양한 연령대의 사람들과 융화하며 자연스럽게 성장한다.
> 그 과정 속에서 그들은 모든 연령대의 사람들과 상호작용하며, 다른 사고방식을 수용하고 이해할 수 있게 된다."

이런 생각을 하면서 옻골마을로 간다.

대구광역시 동구 둔산동 386번지 일원인 옻골마을은 경주 최 씨 칠계파漆溪派의 후손들이 모여 사는 세거지이다. 현재 20여 가구의 고가가 담백한 동양화의 그림처럼 어우러져 있고 후손들이 직접 살고 있다. 이곳은 임진왜란 때에 대구 지역의 의병장으로서 왜적을 격파하고 많은 전공을 세워 공신이 된 태동공台洞公 최계崔誡 선생의 아들이며, 효종 임금의 잠저 시 사부인 대암 최동집臺巖 崔東集 선생이 정착한 이후 후손들이 사는 곳이다.

마을 입구의 거대한 나무 두 그루가 먼저 눈에 들어온다. 수령 350년의 회화나무, 보호수로 지정되어 있다. 마을의 전체적인 분위기를

• 경주 최 씨 종택 백불고택 정문

먼저 나무가 소개해 주는 듯하다. 마을은 온통 나무다. 마을을 둘러 싼 산의 이름을 물어보니 대왕봉이라 한다. 봉황이 알을 품은 듯 아늑한 마을이다. 안내문을 읽어 보면 이 커다란 나무의 이름이 '최동집 나무'라 한다.

대암 최동집은 과연 누구인가? 그의 행적을 적은 비문의 뒷면의 글에서 미루어 짐작할 수 있다.

"팔공산이 영남에 이름이 드러나서 초목과 구름, 연기가 혁혁하게 특이한 기운이 있는 것은 어찌 은일(隱逸)하는 군자가 일찍이 그 산속에 은둔한 까닭이 아니겠는가. 그 군자가 누구인가!

공의 휘는 동집(東集)이요, 자는 진중(鎭仲)이며 대암(臺巖)은 그의 호이다. 일찍이 한강 정(구) 선생의 문하에 종유하여 학문하는 요결을 들을 수 있었으며, 물러나서는 한 시대의 여러 명유들과 더불어 도의로 교분을 맺어서 성인의 글이 아니면 그와 더불어 강마(講磨, 학문을 갈고 닦음)하지 않았으니 그가 자신을 위한 학문에 힘씀과 공부를 함에 있어서 세밀했음을 알 수 있다. 광해군이 왕위에 있을 때에 성균 생원으로서 성균관에 유학할 때 적신(賊臣)인 이이첨(李爾瞻, 대북파의 영수로 영창대군을 강화에 유배, 인목대비를 유폐시킨 사람으로 인조반정 시 참형당함)이 더불어 교유하자고 요청했으나 드디어 소매를 뿌리치고 큰 재를 넘어 고향으로 돌아와서 분수에 만족하는 듯 생활을 즐기며 배고픔을 잊고 살았다. 인조 17년(1639)에 유일(遺逸)로 천거되어 능참봉에 제수되었고 다음 해에 효종대왕이 대군으로 있을 때 청나라의 심양에 인질이 되어 갈 당시 공에게 대군사부(大君師傅) 벼슬을 배명했는데 공이 그 명을 듣고 말을 달려 조정에 나아갔으나 대군의 행차와 길이 매우 멀어 미치지 못하여 체임되니 통곡하다가 고향으로 돌아왔다. 갑신년(인조 22년, 1644)에 명나라가 망하니 드디어 팔공산으로 들어가서 농연(聾淵)의 수석이 좋은 곳에 초가를 짓고 다시 세상에 나오지 않았다."

이상이 전반부의 내용이다. 책과 인터넷을 보면 많은 소개의 글이 있지만 이 비문만큼 상세하고 아름다운 글도 없지 않나 싶다. 장황한 소개는 오히려 그 문명을 낮출 수도 있겠다는 생각도 들었다. 아울러 대암은 연경서원에 퇴계를 모시는 데 주력하였을 뿐 아니라, 문학가로서도 남다른 자질이 있어 많은 시문을 남겼다고 한다. 스스로 지은 호 대암은 옻골마을의 주산인 대암산에 돈대墩臺처럼 우뚝한 바위를 지칭한다.

선생의 자신에 대한 혹독함은 이런 곳에서도 발견이 된다. 그가 후학을 가르쳤던 서당의 이름인 농연서당, 농연聾淵은 귀머거리라는 뜻이다. 선대先代의 고운孤雲 최치원崔致遠 선생이 자기의 학문의 뜻을 펼치지 못하고 가야산으로 들어가 모든 것을 잊고 소요하던 정자를 농산정聾山亭이라 했듯, 그 역시 용수동에 은거하며 바깥세상의 소리를 듣지 않으려 귀먹은 못이라는 뜻의 농연聾淵이라 했던 것이 아닐까? 소신이라면 소신이고 고집이라면 고집이다. 그런 것이 선비의 전부는 아니겠지만 그 정신의 일부를 엿볼 수 있는 이야기라 귀담아 듣는다. 걷는 걸음마다 발끝에서부터 느껴지는 진한 선비의 향기, 그것은 삶을 돌아보고 관조하는, 정신의 채찍질이다.

이쯤에서 한강 정구 선생의 면모를 소개하지 않을 수 없다. 쉽게 이야기하기로 하자.

한강 정구 선생은 퇴계, 남명 선생의 학맥을 이은 유일한 인물이자 전설적인 인물로 퇴계의 3대 제자학봉 김성일, 서애 류성룡, 한강 정구 중의 한 사람이다. 조선 실학의 태두, 예학의 대가, 대구 유학의 중시조로 불린다. 그럴만한 업적을 이룬 대구 유림의 상징적인 인물이다. 송 선비라 이름하는, 대구시 문화관광해설사인 송은석 님의 글이 인상적이다. 쉽고도 정확하다.

> 퇴계, 남명 선생의 사후, 낙동강 중류인 영남 중부지방에는 퇴계, 남명 학파에 이어 '한강학파'가 형성되었다. 지역으로 보면 한강 선생의 고향인 성주와 만년에 6년간 머물다 유명을 달리한 대구가 그 중심이었다. 당시 대구의 많은 선비들은 선생이 대구로 이거해 오기 전에도 성주의 선생 문하를 출입하고 있었다. 따라서 당시의 대구 선비들은 퇴계 남명 학파를 이은 '한강학파'를 중심으로 강력한 학단을 형성하고 있었던 것이다.
>
> 현재 대구시 북구 사수동 금호지구에는 한강 선생을 기린 '한강공원'이 있다. 이 공원 내에는 커다란 공원 표지석이 하나 있는데, 그 뒷면에는 무려 357명의 이름이 새겨져 있다. 이것이 바로 한강 선생의 제자록인 〈한강급문제현록(寒岡及門諸賢錄)〉이다. 그런데 이 제현록은 조선 중·후기 대구유학계를 풍미한 한강학파의 영향력을 잘 보여주고 있다. 이것은 300~400년을 대구에서 살아온 토박이 문중이라면 위의 〈한강급문제현록〉에 십중팔구 자신의 선조가 등재되어 있음을

확인할 수가 있기 때문이다. 이것이 바로 한강 선생을 대구 유학의 중시조라고 지칭하는 이유다.

한강 선생의 업적은 도처에 널려 있다. 다만 우리가 모를 뿐이다. 성주군 수륜면에 자리한 '한강 정구 신도비'는 조성 연대가 오래되어 문화재적 가치가 높을 뿐만 아니라 동방 5현의 한 사람인 선생의 외증조인 한훤당寒暄堂 김굉필金宏弼의 도학을 전수하고, 그 기반 위에 퇴계학과 남명학을 통합하여 새로운 학통을 세워 실학의 연원을 확립하였다고 증언하고 있다. 그는 단지 학문의 연구 대상을 성리학에서만 멈춘 것이 아니라 인간이 몸담은 온 우주의 공간으로 삼았다. 이 신도비에서 보듯 의학, 역사, 천문, 풍수지리, 예학 등 여러 학문에 통달한 대학자였던 한강 정구의 역사적 위상을 그대로 보여주는 근거로 볼 수가 있다. 또한 이러한 기록에서 우리는 왜 한강 선생이 조선 실학의 태두라고 부를 수 있는 근거를 확인할 수 있다.

백불고택百弗古宅 앞에 선다. 모골이 송연하다. 개인적이긴 하지만 나는 백불암 선생의 사상에 많은 관심을 가지고 있다.

백불암百弗庵 최흥원崔興遠, 1705~1786은 경주 최 씨 광정공파匡靖公派 단鄲을 중시조로 하고, 현재 둔산동 옻골에 1616년에 입향하여 정착한 대암 선생의 후손이다.

백불암이란 호가 궁금하여 찾아보고 물어 보았다. 송대宋代의 대

百弗古宅

철학자 주자朱子의 어록에서 나온 말이라고 한다. 백불암은 환갑 년영조 41, 1765에 새로 지은 호라고 한다. '백부지百不知 백불능百弗能', 이는 곧 '모든 것을 하나도 알지 못하고, 또 아무것도 실천하지 못하는 보잘것 없는 사람'이라는 의미라고 한다. 스스로를 낮추고자 하는 겸양의 의미는 모를 바가 아니지만, 그래도 저리 하심을 하는 것은 스스로를 채찍질하고자 하는 근본의 발본이리라.

그러나 백불암의 80여 년 인생은, 공맹정주孔孟程朱를 본받아 인격도야에 일생을 충실하게 소진했던 이유로 '실천궁행實踐躬行' 그 이상도 그 이하도 아니라는 생각이 든다. 선비는 선비다. 아니, 선비라면 당연히 그랬을 것이다.

다시 정리해 본다. 경주 최 씨의 상계는 고운 최치원 선생이 시조다. 그 후 여말선초에 이르러 광정공匡靖公 단鄲을 1세로, 이분은 조선 개국공신이다. 역사적 개념의 정리에 있어서는 분분한 의견이 있을 수도 있을 것이다. 그러나 역사는 지속된다. 어떤 선택이든 그 지향하는 바가 오늘 우리의 현실일 것이다. 그런 점에서 좀 더 점진적이고 전향적인 토론이 필요할 수도 있을 것이다. 3세가 대구 입향조며, 8세인 계誡 선생은 무과에 급제하여 임진왜란 당시 대구 지방의 의병장으로 공을 세워 선무공신 2등에 책록되었다.

이 글의 본론에 해당하는 그 둘째 아들 최동집1586~1661이라는 분이, 호를 대암臺巖이라 하는, 바로 옻골 입향조다. 대암은 백불암의 5대조로, 봉림대군鳳林大君의 사부를 지냈고, 절의를 지켜 '숭정처사崇禎

處士'로 추앙받았다. '처사處士'의 전통은 백불암에게로 이어졌음이 명확하다. 처사는, 내가 알기로는 선비의 가장 겸손한 표현이다. 절집에 가보면 모든 잡일을 보는 남자를 가리켜 처사라 한다. 그러나 선생의 처사는 세상의 모든 잡일, 뒤처리, 모든 것을 안고 가겠다는 의지의 표현에 다름 아닐 것이다.

백불암 선생은 본래 호를 수구암數咎庵, 자신의 허물을 손꼽아 계산하는 집이라는 뜻이라 했고, 뒤에 이 지역의 대표적인 스승의 표본으로 세칭 '칠계漆溪 선생'으로 기림을 받고 있다. 백불암 이후 종손의 선친에 이르기까지 8대는 학문 연원이나 아호가 없는 분이 없다고 한다. 스스로 이루었지만, 뒷받침이 없으면 공허한 기림에 불과할 뿐임을 생각하면, 오히려 세월이 짧다고 해야 할 듯하다. 참다운 뜻은 멀리 가면서도 향기도 깊다.

내가 관심을 가지고 살피는 부분은 이런 것이다연천 류현우 선생의 기행문이 생각을 정리하는 데 많은 도움을 주었다. 밝히는 것이 도리라 생각한다.

젊은 시절 충분히 문과에 급제할 소양을 갖추었음에도 그 길을 포기하고 학문의 길로 매진한 백불암은 어떤 세상을, 어떤 공동체를 만들고 싶었을까? 필자는 이를 자기 수양을 통해 동민들에 대한 사랑, 지역에 대한 애정으로 승화했다고 보았다.

그 대표적인 장치가 지방자치규약인 향약鄕約의 제정制定과 그 실천이라고 생각이 된다. 조선이라는 사회가 일찍이 임진왜란을 겪으면서 수많은 사회 모순을 양산한 허술한 정권이었음에도 불구하고 그 엄청

• 백불고택

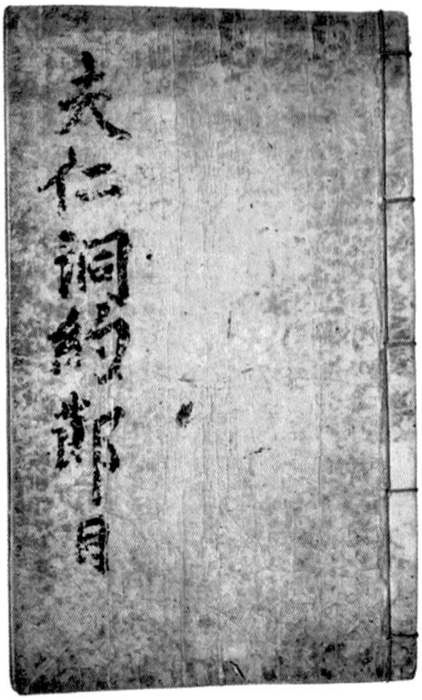

• 부인동향약

난 사건을 전후해 500년간을 지탱할 수 있었던 명분은 선비들의 열린 학문에의 수련과 그것이 개인적인 것이 아니라 오직 백성을 향한 순수한 수양의 힘이라고 평가해야 할 것이다. 다만, 기득권에서의 탈피에서는 그들도 인간적인 면모를 벗어나지 못했지만 사상적으로나 학문적으로 뛰어난 사람임은 부정할 수가 없다. 시대를 함부로 일탈하지는 못하는 법이다. 지금의 우리 사회와 크게 다르지 않을 것이다.

백불암은 실천하고자 했다. 그 힘의 원천에는 그 생각에 동조한 선비들이 앞에서 이끌었고 백성들이 그 취지에 공감해 뒤따랐던, 나름 독특한 정신의 산물인 '향약'이라는 조선사회의 독특한 자치 규약이 있었기 때문이었다. 동시대에서는 파격적인 제안이었다. 그는 앞서 나간 사람이었다. 백불암은 학문을 하면서도 사회적 실천을 몸소 실천하였다. 부인동향약을 10여 년 넘는 동안 실시하였다는 사실이 그를 증명한다. 또한 선공고先公庫 휼빈고恤貧庫를 설치하여 동민들의 생활을 안정되게 보장하려 했으며 민생이 곧 국력임을 알고 모든 일을 추구하게 노력했다고 한다. 선공고, 휼빈고, 그 이름이 이미 그것을 증명하고 있지 않는가!

'구회당九會堂'에 관한 설명은 당연하지만 공감 백 퍼센트였다.

그는 효제당孝悌堂을 만들고 그 구체적인 실천 절목을 만들어 일상에 있어 효도하고 공경하는 일을 실천하고자 했다. 우리가 보통 당내堂內를 말할 때 8촌까지 범위로 한정한다고 한다. 구조적이고 실용적이면서도 내면의 가치의 혼돈을 염려한 듯한, 명분에 치우친 측면도 없지 않겠지만, 일견 조선은 명분의 사회였다고 보아도 무방할 것이다. 9촌이 되면 친족의 경계를 넘는다고 본 것일까.

그럼에도 불구하고 백불암은 '9촌으로 넘어가더라도 함께 모인다'는 의미로 '구회당九會堂'을 만들었다고 한다. 지금까지도 이 문중에서는 모든 중요한 의결 사안을 이 집에 모여 결정한다고 알려주었다. 10촌이면 어떠리. 중지衆智를 모으는 것이, 민주주의의 가치보다 더 소중하다는 생각을 문득 했다.

'부인동夫仁洞, 현 대구시 공산(公山) 용수동(龍水洞, 그리고 新武洞 일대) 동약(洞約)'은 그가 35세 때에 제정한 마을 자치규약이다.

아마 국사에 관심이 있었던 사람이라면 이 말은 충분히 들었을 것이다. 이 규약은 기본적으로 중국의 여씨향약의 네 덕목인 덕업상권德業相勸, 과실상규過失相規, 예속상교禮俗相交, 환난상휼患難相恤의 정신을 그대로 구현하고자 했다. 파격적인 사상이다. 백불암은 퇴계와 그 선현들의 절목과 그 시행착오를 잘 연구해서 보다 정밀하게 만들었고, 또 실제로 시행했다. 이후 100여 년간 유지되었다는 것에 너무나 큰 의의

● 옻골 경주 최 씨 백불암파 종가소장 전적

● 정려각

가 있다. 다산 정약용의 실학은 이미 그 씨앗이 잉태되어 있었다.

또한 경주 최 씨 종택은 효孝의 집이자 효행孝行의 마을이다. 백불암은 효자로 정려旌閭; 충신·효자·열녀 등을 기리기 위해 그 동네에 정문(旌門)을 세워 표창하는 일을 이르던 말까지 받은 분이다. 선생은 평생 머리맡에 '공경 경敬' 자를 나무에 새겨 걸어두고 경계해마지 않았다 한다. 이를 '경자패敬字牌'라 부른다.

선생의 제자들이 기록한 언행록에 보면, "선생의 학문은 오로지 '경'에 힘써서 이 마음을 엄숙하고 정숙한 데 두고 이 이치를 이륜彝倫, 사람으로서 지켜야 할 도리. 즉 인륜의 상도常道에서 열심히 찾았다."라고 썼다.

이처럼 선생의 학문 핵심은 '경敬 공부'에 있었다. 후손이나 종손의 오랜 친구들 간에는 이 사실을 배우고 실천하고자 이 패를 복제해간 이들이 여러 사람이라고 한다. 선생의 교화의 힘이 지금까지 미치고 있음을 이 패를 보면서 느낀다. 안채의 대청마루의 편액에 쓰인 숭조애손崇祖愛孫은 가장 기본적인 행동을 지적하고 있다. 그의 담백한 시 한 수에서도 그러한 실천의 의지가 그대로 담겨 있다.

> 진리는 일상생활에 벗어나 있지 않으니
> 옛 사람들 이 때문에 배움에 어려움 없었지
> 어버이 섬기고 친족 대함에 작은 잘못 있으면
> 성현의 그 경지를 어찌 오를 수 있으랴.

경자패는 물론이요 효제당 또한 그렇다. 보본당의 보본報本은 또 무엇을 말함이겠는가? 수구數咎함으로 자신의 처신을 더욱 명확하게 하고자 했음의 근본은 당연히 효가 으뜸이었다. 그는 부친의 병환 중에는 대변의 맛을 보아가면서 탕제를 조절했던 효자였다고 한다. 그런 행동이 사람들을 감동시켜 사후 3년만인 1789년 정조 13 6월에 나라에서 효행으로 정문旌門을 내렸다. 첨부할 중요한 사항 하나는 보본당의 왼쪽 방에서 나라의 명령으로 백불암이 『반계수록磻溪隨錄』을 교정했다 한다. 우리나라 실학實學을 제일 먼저 체계화했

• 보본당(報本堂)
대구의 대표적인 실학자 최흥원이 유형원(柳馨遠)의 『반계수록(磻溪隧錄)』을
최초로 교정한 곳으로 유명하다.

다는 평가를 받는 반계 유형원柳馨遠의 중요한 저술인 『반계수록』을 백불암이 교정했다는 사실은 그의 사상과 학문이 실제의 생활과 동일한 선상에서 이루어진, 그야말로 실천하는 지식인이었다는 사실을 여실히 증명하는 것이라 할 수 있다.

더욱 가치가 있는 사실은 또 이런 것이 아닌가 싶다. 일반적인 명문가에는 대체로 가묘家廟 1동을 두고 있는 데 비해 경주 최 씨 종가에는 대묘大廟와 별묘別廟가 나란히 하고 있다. 나의 관심을 끈 것은 별묘의 불천위不遷位였다. 불천위는 불천지위不遷之位 또는 부조위不祧位라고도 하여, 나라에 큰 공훈이 있거나 도덕성과 학문이 높으신 분에 대해 신주를 땅에 묻지 않고 사당祠堂에 영구히 모시고 제사를 지내는 것이 허락된 신위神位를 말한다고 한다. 특별히 불천위를 모시는 사당을 부조묘不祧廟라 부른다고 한다. 본래 일반적인 제사는 고조까지 4대를 봉사奉祀하게 되어 있다. 그리고 그 위의 조상들은 시제 때 모시게 되어 있으나, 불천위에 봉해지면 영구히 제사를 지낼 수 있다고 한다. 이러한 일련의 사실들이 경주 최 씨 종택의 자부심으로만 그칠 것이 아니라는 생각이 들었다. 그 자부심은 경북 사람 모두의 것이 아닐까, 그런 생각이 들었다.

슬슬 어둠이 내리는 마을을 걷는다.

백불고택을 다시 돌아본다. ㄷ자형의 안채 본채의 내림마루 지붕이 좌우익랑채 용마루지붕과 연결된 한옥 지붕이 한없이 아름답다. 박공지붕 또한 그 외양과 내면이 고스란히 대비된다. 박공 지붕은 펼친 책

• 백불고택 현판

을 엎어 놓은 모양으로 양쪽 방향으로 경사진 지붕을 말하는데, 기능성은 물론 책을 펼친 듯 그 뜻 또한 눈부시다. 저녁노을 탓이 아니다. 낮은 토담은 왜 이리 정겨운지 모르겠다. 그리고 전시관에서 보았던 문구가 문득 떠오른다.

> 世不我容 知我者天 (세불아용 지아자천)
> 세상이 나를 용납하지 않아도 나를 알아주는 것은 하늘이다.

대암臺巖과 백불암百弗庵의 목소리가 아닌가 싶었다.

【 후기 】

도동 측백나무 숲

마을을 나오면서 꼭 방문하기를 권하고 싶은 곳이 있어 사족을 단다.

옛 벽에 푸른 측백 옥창같이 자라고
그 향기 바람 따라 철마다 끊이잖네
정성들여 심고 가꾸기에 힘쓰면
맑은 향 온 마을에 오래 머무르리.

조선 초기의 대학자 서거정 선생의 시 「북벽향림北壁香林」이란 시다. 북벽향림은 대구 동구 도동의 측백나무 숲을 말한다. 서거정은 대구에서 경치가 좋은 열 곳을 고르면서 이곳을 6번째로 꼽았다. 본래 측백나무는 한반도보다 중국에서 더 많이 자라는 나무로 한반도에서는 측백나무 군락이 형성되는 것은 드문 일이라고 한다. 그만큼 희귀한 수종의 군락지라는 특성상 보존가치가 높았기 때문에 1962년에 천연기념물 제1호로 지정되었다.

옛날에는 절벽 앞 개울물이 깊고 푸르렀으며 숲도 훨씬 울창하여 시인들과 풍류객이 자주 찾는 명소였으며, 대구에서 영천, 경주로 가는 길목이어서 길손들의 쉼터가 되기도 했단다. 천연기념물로 처음 선정될 당시에 측백나무가 집단으로 자라는 곳으로는 이곳이 가장 남쪽이며, 옛날에는 묘지의 둘레나무로 심는 등 측백나무 쓰임의 귀중함을 감안하여 천연기념물 제1호가 된 것이다.

그 외형적 가치와 더불어 정신적 가치 또한 어떠한지는 이언적 선생의 상소문에서도 차용이 되어 있어 우리가 그 뜻을 짐작할 수 있다.

"군자는 소나무나 측백나무 같아서 홀로 우뚝 서서 남에게 의지하지 않지만, 간사한 사람은 등나무나 겨우살이 같아서 다른 물체에 붙지 않고는 스스로 일어나지 못한다."

이처럼 측백나무는 소나무와 더불어 군자의 올곧은 기개를 나타내는 상징과도 같은 나무로 선조들로부터 많은 사랑을 받은 나무임을 알 수 있다. 기개로 하면 경주 최 씨 종택에 이어 이 측백나무도 조금도 뒤지지 않음을 알 수 있는데, 두 곳이 이웃을 이루고 있음이 실제로 우연은 아닌 듯하다는 생각이 든다.

이래서 나는 대구가 좋다.

# 선비의 발자취를 찾아서

## 문화유산의 방외자(方外子)인 나의 소심한 임고서원 답사기

나라를 위함이 무엇인가?

수없이 많은 선비와 충신들이 자신의 대의大義를 따르기 위해 목숨을 바침에 주저함이 없었다.

대의는 무엇이며 충절忠節은 무엇인가?

도대체 그러한 생각들이 지금 시대에 가능한 일이기는 한가? 도무지 정답이 없는 질문이다. 신념이 없는 삶은 공허하다. 가치관과는 다른 문제라고 나는 생각한다. 시대적이기 때문이다. 시대와 공존하는 가치관과 신념은 과연 무엇일까?

가치는 변한다. 작용의 변수가 많기 때문이다. 진리가 과연 무엇이고, 그 무엇 때문에 진리인가, 나는 나에게 묻는다. 답은 이미 정해져 있다. 다만 나는 모를 뿐, 혹은 나만 모를 뿐.

임고서원臨皐書院을 걷는다. 우리가 포은圃隱이라 부르고 정몽주鄭夢周, 1337~1392라 칭하며 기억하고 추모하는 위인을 모시고 기리는 곳이 바로 이 임고서원臨皐書院이다.

적막하다. 아무리 수성재修省齋가, 함육재涵育齋가, 영광루永光樓가 눈을 부시게 해도, 그 깊은 뜻을 헤아리지 못하는 나는 차라리 문맹文盲에 가깝다. 진실한 고백이다. 적막함은 나의 노력으로 채워야 한다. 멀고 긴 길이다.

포은 선생을 모르는 사람이 있을까. 교과서에 충실하면, 그리고 기본적인 양식으로서의 교양이라면, 한국사의 모체母體에 접근한 사람이라면, 충분하고 넘친다. 다르게 접근해 보자. 가령 정치적인 역학 문제, 당연히 그것을 알아야 역사를 객관적으로 이해할 수 있으니 말이다. 그러나 역사는 믿을 것이 못 된다. 정사正史와 야사野史가 그것을 증명하고 있으니 말이다.

중언부언이더라도 다시 더듬어 보면서 기억을 환기시키는 것도 예의이리라.

포은 정몽주 선생을 모신 임고서원 전경

포은은 1337년 영천의 임고에서 태어났다. 영천의 옛 이름이 임고라고 했으니 지명 문제는 중요하지 않다. 21세 때 국자감시國子監試에 합격하고, 24세 때 대과에서 장원 급제해 관직에 나아갔다. 그는 성균관 대사성 등을 거쳐 위화도 회군 이후에는 최고위의 관직인 문하시중門下侍中 자리에 있었다. 그러나 불행하게도 그때는 이미 사회적 상황이 급박하게 돌변하고 있었다. 평생 도우道友로 지냈던, 그 고고한 삼봉三峯 정도전鄭道傳, 1342~1398은 신왕조의 건설을 꿈꾸며 이성계의 편에 이미 가닿아 있었고, 정치적 입장을 같이 했던 목은牧隱 이색李穡, 1328~1396은 정치적, 사회적인 이유로 온갖 핍박을 받고 있는 상황이었다. 그는 끝내 유학자로서 학문적 강상綱常; 삼강과 오상, 사람으로서의 도리과 유학자로서의 대의의 길을 선택했던 것으로 짐작된다.

포은은 '나아감으로써 죽음'을 선택했다. 그렇지만 그의 행적 반대편에서, '물러남으로 신념을 지킨' 대표적 인물로 야은冶隱 길재吉再, 1353~1419 선생을 꼽을 수 있다. 두 사람의 그 지향하는 바는 같았으나 처세의 방법은 사뭇 달랐다. 두 사람이 정충의 대절을 지켰다는 점에서는 앞과 뒤와 다르게 평가할 수 없이 같다고 평가함이 마땅하다. 목은牧隱 이색李穡 선생 또한 신왕조가 세워진 뒤 끝내 관직에 나아가지 않았다는 점에서 호사스런 역사가들은 이들을 기려 '삼은三隱'이라 일컫는다. 누군들 목숨이 길기를 바라지 않았겠으며 그 뜻 또한 소중하지 않았겠는가. 바람 앞의 촛불로 그들의 근심과 애국의 마음은 크게 물길을 돌릴 수 없었다.

• 포은 정몽주 선생 진영

길재는 위화도 회군으로 고려가 패망할 기색이 짙어지자 먼저 물러나 있었다. 새 왕조가 세워진 뒤 다시 그를 불러 태상박사太常博士의 벼슬을 맡기자 임금의 명령을 무조건 거부할 수 없어 일단 상경하여 사직상소를 올리게 된다. 이에 앞서 그는 실질적인 권력을 장악하고 있던 실세 중의 실세인 이방원을 찾아가 자신의 뜻을 굴욕적이었지만 간곡하게 전했다. 그 이유는 젊은 시절에 그와 더불어 성균관에서 함께 공부한 적이 있었기 때문이다. 그는 사직상소에서 다음과 같이 적었다.

진퇴의 거취를 돌아보매 실로 명교의 경중에 관계되옵니다. 신이 비록 두꺼운 얼굴로 영화를 입는다 하더라도 사람들은 반드시 눈을 흘기고 손가락질하며 비웃을 것입니다. 엎드려 바라옵건대, 밝고도 무사(無私)하게 살피셔서 신의 옮기지 못하는 충성을 어여삐 여기시고 신의 빼앗기지 않으려는 뜻을 헤아리시어 다시금 고향에 돌아가 여생을 보전하게 하여 주소서. 그러하면 성상께서는 절의를 장려한다는 이름을 얻게 되고, 신은 임금을 섬긴다는 의리를 얻게 될 것입니다. 삼가 깊숙한 산중에 파묻힌 채 깊은 바다[河海]와 같은 성은에 살며 하늘과 땅처럼 장구하고 무강한 수를 누리시기 빌면서 자나 깨나 두 임금 섬기지 않는 마음을 다할까 합니다.

아, 이런, 양비론兩非論, 혹은 양시론兩是論!

처세인가, 중용인가, 바름인가, 회피인가, 포기인가!

나로서는 그 뜻을 헤아릴 길이 없다. 돌이켜보면 정치는 얼마나 추악한가? 시대를 구분하지 않는다. 되풀이되고 교차한다지만, 그 교훈은 자명하고 섬뜩하며, 그래서 늘 현실적이고 현재진행형이다. 이것은 역사가 냉정하게 가리키는 하나의 교훈이다.

몰락해 가는 고려 왕조를 대신하여 새로운 이념을 가진 새로운 왕조를 개창해야 할 필요성을 절감하던 사대부 세력들의 입장에서 보았을 때 새 왕조 개창의 정당성을 합리화하기 위해 반드시 희생양이 필요했다. 그 목표가 신돈이었다. 죽은 신돈을 다시 죽이기 위해 또 다른 희생양이 필요한 법이었다. 바로 우왕과 창왕이었다. 두 사람의 왕은 엄연히 왕의 씨였고 왕위를 계승하는 데 아무런 결격 사유가 없었다. 그럼에도 불구하고 집권의 정당성과 당위성을 확보하기 위해서는 신돈의 아들이라는 의미의 신우辛禑와 신창辛昌이라는 이름으로 둔갑시켜 철저하게 앞의 왕조를 부정하고 왜곡하며 희생시킨 것이다. 우리가 알고 있는 신돈은 왕의 눈을 흐린 요승妖僧으로 알려져 있다.

그러나 일부의 주장에 의하면 기울어가는 왕조이기는 했지만 어떠한 방법을 동원해서라도 개혁을 통해 왕조의 지속을 위해 노력한 인물로 평가받기도 한다. 또한 우왕이 신돈의 씨였을 수도 있다는 기록도 존재한다. 그러나 우리는 그 숨은 역사의 진실을 알 수 없다. 역사는 약자와 함께 하지 않는다. 역사는 스스로 드러난다. 약할지라도 말이다.

다시 포은의 시대로 돌아가 보자. 이러한 이념과 체제에 대한 갈등의 와중 속에서도 길재는 자신의 불사이군不事二君의 뜻을 당당히 밝히며, 아울러 충분히 계산됨직한 자신의 행동이 임금도 충분히 이러한 뜻을 받아주는 것이 절의를 장려하는 데 좋을 것이라고 믿었을 것이다. 그는 위화도 회군이 있었을 때에 이미 자신의 마음을 정리하고 있었음이 분명한 것으로 보인다. 벼슬에서 물러나 고향 땅 선산에서 유유자적한 삶을 살면서 어머니에 대한 효성과 임금에 대한 충성

의 마음을 다하였다고 전해진다. 당시 경상감사로 있던 남재南在가 그에게 보낸 몇 수의 시 가운데, "고려조 오백 년에 오직 선생 한 분이시라. 한 시대의 공명이야 어찌 영화로 보랴. 늠름하고 맑은 바람 천지에 가득 불어, 우리 조선 억만 년에 그 성망이 영원하리"라며 그의 충절을 기렸다. 당시에 교류했던 명유제현들도 그의 효성과 충절을 기려 많은 시를 남겼는데, 그의 스승인 양촌陽村 권근權近, 1352~1409 선생도 다음과 같은 서문을 달아 그의 충절을 높이 기렸다.

• 포은 정몽주가 태어난 마을에 '효를 행한 마을'이라는 효자리 비각

> 고려 오백년에 교화를 배양하여 사풍(士風)을 장려한 효과가 선생의 한 몸에 모여 거두었고, 조선 억만 년의 강상(綱常)을 세워 신절(臣節)의 근본을 밝히는 근본이 선생의 한 몸으로부터 시작되었다. 그의 명교(名教)에 드리운 공이 더없이 크다.

목은 이색은 길재의 스승으로 일찍이 원나라에서 공부하여 그곳에서 관직을 지냈으며 귀국한 뒤 초대 성균관 대사성을 지내게 되는데, 그의 문하와 주변에는 주자학을 공부한 수많은 신진사대부들이 모여들었다. 그가 대사성으로 있던 당시에는 정몽주와 정도전, 이숭인 등이 교수로 함께 있었는데 이들은 모두 경북 출신들로 대표적인 성리학자이자 뒷날 정치의 핵심 인물로 활동하였다. 앞에서 본 바와 같이 그는 위화도 회군과 이어진 신왕조 조선의 개창에 나서지 않은 채 정몽주, 길재와 뜻을 같이 하였다.

우리는 흔히 삼은三隱을 목은牧隱 이색李穡, 포은圃隱 정몽주鄭夢周, 야은冶隱 길재吉再를 일컫는 것으로 알려져 왔다. 하지만 최근에는 길재 대신 도은陶隱 이숭인李崇仁을 포함시키기도 한다. 나는 당연히 도은 선생을 지지한다. 길재는 고려보다는 조선 초기의 학자로 언급함이 옳다고 학자들은 그 이유를 설명하고 있다. 앞에서 언급했듯이 선생은 고려말의 대학자이자 불사이군을 실천한 참선비였다. 그의 유허지인 청휘당晴暉堂이 성주에 있는데, 뜻이 있는 분이라면 꼭 한번 들리기를 권한다. 또한 그 부근에는 명문가로 알려진 성산 이씨星山 李氏 후손들이 살고 있는 집성촌인 한개마을이 있는데, 한옥마을로 유명하다.본 책 '한개마을' 참조

긴 설명이 필요하지 않다. 포은은 모든 것을 거부하고 죽음을 택했다. 신념과 운명을 그대로 받아들였다. 무슨 다른 설명이 필요한가!

조선이 건국되고 100여 년이 지나 삼은의 대의명분을 높이 받든 선비들이 영남 낙동강 중류 일대로부터 시작해 전국에서 숲처럼 빽빽이 일어나게 되며, 그야말로 사림으로서 역할을 자임하며 거듭된 화를 입으면서도 마침내 중종반정을 기회로 잠시 자신들의 뜻을 펼치게 된다. 중종반정으로 연산군을 몰아내고, 중종이 즉위하자 정암 조광조趙光祖, 1482~1519를 중심으로 한 사림 출신 관료들은 조선 건국 과정에서 희생된 정몽주와 무오사화戊午士禍와 갑자사화甲子士禍에서 피해를 입은 인물들에 대한 추숭과 문묘배향을 강력하게 추진하였다.

1517년중종 12 조광조 일파였던 성균관 생원 권전權磌 등은 정몽주와 더불어 사화에 희생된 한훤당寒暄堂 김굉필金宏弼의 문묘종사 상소를 올렸지만, 많은 논란 끝에 정몽주만 문묘종사가 결정되었다. 이후 그들은 다시 몇 차례의 화를 더 입은 끝에 16세기 후반 선조 때에 이르면 마침내 그들의 시대를 맞게 되며, 이황 사후 김굉필과 더불어 그의 제자인 조광조와 정여창1450~1504, 이언적, 이황, 등 5인의 위인에 대한 문묘종사를 시도하여 많은 논란과 우여곡절 끝에 마침내 1610년광해군 2에 자신들의 뜻을 관철하게 되었다. 지금 우리는 그들을 반듯하게 받

든다는 의미로 '동방오현'이라 칭송하고 있다.

임고서원을 걷는다.

「단심가」를 생각한다.

포은은 자신이 몸담았던 모태의 정치적 고향이자 존재의 바탕이었던 고려의 사직과 자신의 안위가 풍전등화인 때를 맞아, 죽음을 예감하며 이 글을 썼을 것이다.

이 몸이 죽고 죽어 일백 번 고쳐 죽어

백골이 진토되어 넋이라도 있고 없고
임 향한 일편단심이야 가실 줄이 있으랴.

저 멀리서 권력의 그림자로, 개국의 당사자로서, 절대적 권력의 화신으로, 무소불위의 이방원李芳遠은 「하여가何如歌」에 답한다.

이런들 어떠하리 저런들 어떠하리
만수산 드렁칡이 얽혀진들 어떠하리
우리도 이같이 얽혀 백 년까지 누리리라.

대의명분의 시퍼런 결기와 시대적 소명과 역사의 전환점에 동참을 부추기는 여유, 이 대척점의 결과는 뻔한 결말이면서도 충분히 기억할 가치를 지닌다.

죽음과 출세, 명분과 실리, 과연 어느 것일까?

나는 아직도, 아마 우리는, 최소한 그런 명제에서 온전하게 벗어나 있지는 않을 것이라고, 무례하게도 확신한다. 그토록 정치는 우리에게 일반적이고 일방적이다.

자유로운 하늘을 꿈꾼다.

과연 헛된 망상일까?

나는 상상한다.

꿈꾸는 모든 것이 정치이고 정치는 생활이라고 말이다.

# 사람과 글월의 향기

## 성주 한개마을

성주에서는 여름철이면 참외 향기가 지극하다. 그 달콤함에 휩싸여 계절이 천천히 흐르며 익는다. 어찌나 그 향기가 깊은지 만나는 사람에게서도 참외 향기가 난다. 자극적이지 않으면서 은은하게 퍼져오는 향기는 저절로 입가에 웃음을 머금게 만든다. 인위적으로 만든 향수는 사람의 취향에 따라 거부감을 갖게 하는 경향도 있지만 시간과 계절이 만든 자연스러운 향기는 언제나 깊고 풍부하다. 그것은 뇌리 깊숙이 쌓이고 쌓여 그곳을 떠나고 나서도 늘 따라붙는다. 겨울까지 그 향기가 난다.

그러나 아무리 참외의 향기가 깊고 넓다 해도 성주가 지닌 인문人文의 향기에 비할 것인가!

한개마을에 가면 그 이유가 확연해진다. 마을 전체가 중요 민속자료 제255호로 지정되어 있다. 그러나 한낱 숫자가 무슨 대수인가. 애초에 한개마을은 그 태생부터 향기로운 마을이다.

한개마을은 곧 '큰 개울'을 의미하는 순 우리말에서 온 이름이 상징하듯이 마을 앞에는 백천白川이라는 개울이 서에서 동으로 흐르고 있다. 뒷산인 영취산 줄기가 마을을 감싸듯 청룡등 백룡등으로 뻗어내리고 있는 전형적인 배산임수의 형세로 가히 영남 제일의 길지吉地라고 자부해도 모자람이 없을 듯싶다. 나의 개인적인 생각이 절대 아니다.

지금이야 나룻배 한 척 떠다니지 않는 작은 개울이지만 그래도 옛적에는 낙동강 물길을 따라 이동하던 배들이 백천의 물길을 거슬러서 이 마을 앞까지 오르내렸다고 하니, 당시는 교통의 요충지이자 큰 나루터를 끼고 있었던 것은 분명한 사실인 모양이다. 이러한 사실은 한강 정구 선생이 봉산, 지금의 부산 동래로 치료를 위해 온천을 찾아가는 〈봉산욕행도〉에도 잘 드러나 있다. 지금의 대구광역시 달성로 다사읍 서재리 인근 금호강[지암枝巖]에서 배를 띄운 정구 일행은 하빈~현풍~고령~창녕~함안~영산~밀양~김해~양산을 거쳐 목적지인 동래온정에 도착했다는 기록이 있다. 7일간의 여정에 물길 710리, 뭍길 20리 등 730리에 이르는 원행이었다고 자세하게 기록되어 있다. 백천은 그 출발점이었던 것이다.

● 성주 한개마을

그리하여 한개마을은 경상도 각지에서 몰려든 사람들로 늘 북적거린 큰 마을이었다고 한다. 마을의 유래는 확실하다. 합천 해인사의 팔만대장경이 지금껏 온전히 보존되는 것에도 이유가 있다고 한다. 신미양요, 병인양요, 그 수난의 시대 강화도에 보존되어 있던 그 대장경을 싣고 서해를 지나 이 백천을 통하여 사람들이 손수 실어 옮겨서 오늘의 해인사가 존재하는 것이다. 그 유구한 역사가 오늘날에 이르기까지 보이지 않는 역할이 숨어 있는, 역사를 고증하는 유서 깊은 마을이다. 해인사에서 이운 행사의 기사를 본 적이 있는데, 몇 점의 대장경을 옮기는 데에도 실로 장엄한 행사였다. 그때의 열악한 사정을 고려한다 하더라도 대장경을 이운하는 것은, 그 행사의 간결함을 넘어 호국의 간절한 의지를 담은 그 행사는, 상상만으로도 광대하기 그지없었을 듯싶다.

아울러 우리나라에는 많은 전통가옥들이 있다. 필자의 짧은 견문으로 그 많은 곳을 다 돌아보진 못했어도 기억나는 곳이 적잖이 있다. 안동의 하회마을은 그 대표적 명소다. 하회마을은 크기와 넓이에서 다른 곳을 능가했다. 마을을 휘감아 흐르는 낙동강의 유려한 모습에 압도당하는 듯한 느낌을 받을 정도로 하회마을은 유려하고 기품이 넘치는 곳이었다. 예천의 회룡포나 순천의 낙양읍성, 경주의 양동마을, 전주의 한옥마을 등등도 다 저마다의 특색을 자랑하며 그 길고 긴 시간을 지키고 있었다.

그러나 한개마을은 10점의 지방지정문화재가 있으면서도 그 짜임

• 응와고택 정문

새가 방대하지 않고 촘촘히 연관이 되어 있는 것이 다른 곳과의 특징이라면 특징이다. 마을이 모두 유기적으로 연결되어물론 다른 전통마을도 다 그러하겠지만 이처럼 오밀조밀하고 단아하게 연결되어 있는 마을은 더 이상 없지 않나 싶다. 집에서 집으로 이어지는 오밀조밀한 돌담길을 걷다 보면 마치 시간을 잃어버린 듯, 꿈길을 걷는 듯하다.

나는 그 중에서도 삼봉서원이 가장 마음에 든다.

이유는 없다. 삼봉산 자락에 자리한 이 서원은 그저 그 단아함으로 나를 압도한다. 글 읽는 소리가 흘러나올 듯, 처마는 하늘을 향해 곧게 뻗어 있고 좌우의 평형감각이 힘차다. 단정한 석축들이 너무 매끈하여 그 정성을 짐작하게 한다. 학문에 집중하려면 모름지기 그 앉은 자리가 평평하고 흔들림이 없어야 한다는 선비의 뜻을 가지런하게 보여주는 것 같아서 보고만 있어도 옷깃을 여미게 한다. 한낱 개인의 정서적 취향이기도 하겠지만 유달리 장식도 없고 번거롭지 않아 생각이 쉬이 멈추고 걸음마저 쉬게 한다. 그 담백함이 차디찬 냉수 한 그릇과 같다.

한개마을에서 제일 유명한 고택은 아무래도 응와종택凝窩宗宅, 흔히 대감댁으로 불리는 북비고택北扉古宅이 아닐까 싶다. 이 종택은 영조시대 때 사도세자의 호위무관이었던 훈련원 주부 이석문 선생이 터전을 잡은 가옥으로 알려져 있다. '북비'가 무슨 뜻인가. '북쪽으로 난 여닫이 외문짝'이란 뜻이다. 사도세자가 죽은 후 그를 애도하는 마음으로 북쪽을 향해 사립문을 내고 평생을 은거한 충절이 깃든 곳이다. 불사

• 삼봉서원

• 북비고택

이군不事二君의 정절이 그대로 서려있는 곳이다. 마을 뒤쪽 선생의 신도비 안내석이 있는데, 그 내용이 응와종택의 의미를 가장 명확하게 설명하여 주고 있다.

> 이석문(李碩文)은 자는 사실(士實), 호는 돈재(遯齋)다.
> 1762년 영조와 사도세자 부자의 반목으로 사도세자가 죽임을 당할 때 왕명을 무릅쓰고 세손(후일의 정조)을 업고 들어가 영조에게 부당함을 간하다 곤장을 맞고 파직되어 고향으로 돌아와 무괴지심(無愧之心; 떳떳하고 부끄러움 없는 마음)이란 편액을 벽면에 써 붙이고 조석으로 대좌하며 두문불출하였다.
> 후일 영조가 다시 훈련원 주부를 제수하고 조정의 대신들이 출사를 권유하였으나 끝내 나가지 않았다. 사후에 병조참판에 증직되었다.
> 그의 손자 이규진이 장원급제했을 때 정조가 특별히 불러 "너의 조부가 세운 공이 가상하다. 아직까지 너의 집에 북녘으로 낸 문이 있느냐."고 하였다.

외람되기도 하지만, 응와凝窩의 의미를 나름대로 한자로 해석하면 그 의지와 의미를 충분히 유추하고도 남음이 있다. '세상사의 모든 인연이 차갑게 얽혀 있는데, 잘 드러나지 않는 움집에서나마 사직을 향한다.' 나는 이런 뜻으로 해석한다. 앞뒤가 맞지 않고 결례를 범하는 것은 아닐까 싶지만, 이런 나름의 해석도 선인의 향기를 추적하는 하나의 방법으로 생각한다. 굳이 문자에 얽매일 필요는 없지 않은가. 그 충절과 마음가짐을 확인하는 것으로도 사람됨을 짐작하고도 남는다.

다만 물러섬과 나아감을 알고, 자신의 거취에 대해 분명한 견해를 밝히고 행동으로 실천한 선비의 추상과 같은 의지는 시대를 뛰어넘어 지금까지 대대로 전해져 오고 있지 않은가. 그런 사실이 중요하다. 높은 관직과 위대한 학문적 업적을 남기지 않았더라도 분연히 떨치고 일어나 자신의 뜻을 실천한 그 뜻이 고귀할 뿐이다. 산천초목에 흩어져 소신껏 살며 자신을 수양하고 후학을 양성한 많은 선비들이 있었기에 사직은 유지되고 백성은 의지할 곳이 있었을 것이다. 모두가 잘난 사람일 필요는 없다. 그럼에도 불구하고 뜻있는 사람들의 의지가 충만했기에 조선은 그 명맥을 유지할 수 있었을 것이다.

그러한 선비정신은 한주종택寒洲宗宅의 경우에서도 여실히 확인할 수 있다. 한주종택은 그 기개를 상징하듯 한개마을의 가장 높은 곳에 자리잡고 있다. '한주'는 조선 말기 유학자인 이진성 어른의 호이며, 그의 아들이 바로 독립운동가인 이승희 어른이다. 그는 을사조

• 한주종택

약이 체결되자 분연히 일어서서 조약의 불합리성과 조약의 파기를 상소하는가 하면, 일본군 사령부에 강력한 항의문을 보내는 등의 항거를 하다가 대구의 감옥에서 옥고를 치렀다. 거기에서 그치지 않고 서상돈 선생과 함께 국채보상운동을 통해 모금운동을 이끌면서 친일파들의 방해로 인해 실패의 쓰라린 경험을 하기도 했다. 이에 굴하지 않고 그는 러시아 블라디보스토크로 망명을 하면서까지 독립운동에 힘을 쏟았다. 선생의 아들인 이기원과 이기인 또한 독립운동에 헌신하여 그 공로로 나란히 건국훈장이 추서되기도 했다.

극와고택極窩古宅은 또 어떠한가. 극와 이주희 선생은 국권상실에 다다르자 소복을 입고 거실에 거적을 깔고 거처하면서 두문불출한 애국지사이다.

애국은 방법만 조금씩 다르지 그 뜻은 조금도 다르지 않았다. 그것은 핏속에 녹아 있는 원형질의 근본이었다. 평소에는 학문에 힘쓰고 애민의 길을 추구하고, 나라가 위급할 때는 어떠한 위험이나 명분에도 불구하고 분연히 일어나 힘을 보탰다. 그런 행동은 하루아침의 생각으로 발현되는 것이 아니다. 꾸준한 수양과 정진이 없으면 불가능한 일이다. 뜻은 높고 몸은 초개草芥와 같이 버릴 정신적인 단련이 있어야만 일상적인 일인 것처럼 자연스럽게 행동으로 이어지는 것이다.

한옥마을이라 하면 대개 일정한 크기의 마을을 형성하면서 각각의 특성을 보여주는 것이 대체로 비슷하다. 한개마을 역시 위에서 열거

● 극와고택

한 우수한 건물 이외에도 무수히 많은 서당과 정자와 재실이 있다. 어느 것 하나 허투루 지나칠 수 없는 유산들이다. 겉의 의미도 물론이거니와 그 속에 숨어 있는 정신의 유물은 나의 인생을 지배하는 화수분의 자양분이었다.

첨경재瞻敬齋, 월봉정月峯亭, 일강정一江亭, 서륜재敍倫齋, 여동서당餘洞書堂, 일관정一貫亭, 대산리의 하회댁, 진사댁, 월곡댁, 교리댁 등이 바로 그런 존재들이다. 하나하나 사진을 찍으며 가슴에 각인한다. 새기고 또 새겨가면서 말이다. 그것을 하나씩 다시 꺼내보면서 나의 공부를 점검해야 할 일이다.

마을을 천천히 걸어 나오면서 문득 이런 생각이 들었다. 한 마을이 꼭 기계적으로, 외형적으로만 발전할 필요는 없다는 것을 말이다. 또한 우리가 말하는 발전이 과연 어떤 기준을 두고 지칭하는 말인가에 대해서도 생각해 보았다.

지금 우리가 가지고 있는 것을 잘 보존하고 계발啓發하여 후손들에게 영구히 물려줄 마음가짐을 가지고 준비하는 것도 하나의 개발이라는 생각이 들었다. 외형적인 개발은 이미 충분하고도 남음이 있다. 조금이라도 더 편리해지고 실용적이면 좋겠다는 생각은 약간 접어야 하지 않을까 하는 생각도 해 보았다. 물론 합리적이고 정당한 경제생활은 생업을 위해서는 추구해야 할 가치이다. 그런 문제는 마을의 가치를 스스로 고양시킴으로써 우리 스스로 비교우위의 길을 선택해야 한다.

● 한주종택 소나무

문향文香이 흐르는 마을, 가치가 있는 휴식, 격조 높은 여행이 되는 이런 방법들을 고민해야 하지 않을까 생각한다. 그냥 둘러보고 가는 일회용의 여행이 아니라 템플스테이를 벤치마킹한 유학과 선비의 삶을 경험하고 공부하는 '1일 유학교실'이나 '1시간 인문교양 강좌 시리즈'를 기획하여 지속적으로 사람들을 모이게 하는 것도 괜찮은 방법일 것이다. 인프라를 구성하는 것이 쉬운 일은 아닐 것이나 뜻을 모으면 의외로 간단할 수도 있다. 시간을 만들어 주고 공간을 제공하고

지적인 모험심을 고양한다는 동기를 제공하면 초등 고학년이나 중학생들에게는 새롭고 기억에 남는 기회가 될 것이라고 확신한다.

인문학이 어렵다고는 하지만 결코 어렵지 않다. 접근을 잘못해서 그렇다고 나는 생각한다. 상상력을 키워주는 인문학, 이런 주제로 접근하면 출발은 그렇게 어렵지 않을 것이다.

나부터 노력할 일이다.

# 구국의 디딤돌을 놓다

## 점필재 김종직 선생과 개실마을

개실마을이 있다. 정확한 지명은 경상북도 고령군 쌍림면 합가리다.

우리 고령 개실마을의 유래는 '꽃이 피는 아름다운 계곡이 있는 마을'이라는 뜻이라고 한다. '개화실開花室'이라는 한문식 표현이 세월이 흐르면서 순수한 우리말로 바뀌어 개실마을로 정착되어 지금의 마을 이름으로 정해진 듯하다. 일설에는 가야곡伽耶谷이라고 불리기도 했다는데 이는 옛 대가야국의 이름에서 붙여진 지명으로, 실제로 가야산을 중심으로 '가야'라는 마을 지명이 산재해 있다. 이곳 역시 가야곡이라 했는데, 가야실–개애실–개실로 바뀌었다고 주장하기도 한다.

말만 들어도 꽃망울 가득한 마을의 정경이 떠오르고 그 꽃그늘 아래에서 웃고 있는 사람들을 상상하는 것은, 곧 무릉도원에 다름 아닐 것이다. 이렇게 자화자찬하는 것은 내 고향의 자긍심에서만은 팔불출이기 때문일지도 모른다. 아무렴, 수구초심首丘初心, 나는 그러하고 싶다. 나는 여기에 하나의 뜻을 더 덧붙이고 싶다. 개화실이니, 꽃처럼 마음이 열리는 교실 혹은 학당이라고 말이다. 또 가곡리라는 지명은 가야의 골짜기라고 명명하고 싶다.

개실마을은 전형적인 전통마을이다. 20촌 이내의 친척들이 모여 사는 선산 김 씨 집성촌이다. 명절 때마다 모두 종택에 모여 차례를 지내고, 그러다 보니 촌수에 따른 규율이 고루하다 할 정도로 매우 엄격하다. 이 시대에 무슨 그런 형식이 필요하냐고 묻는다면 나는 굳이 대답하지 않는다. 이깃은 복고가 아니라 발전을 위한 선한 집착이라고 말하고 싶다. 시대가 반복될수록 멀고 먼 선조들의 향기가 그립고 그립다. 나아가기 위해선 그 토대가 튼튼해야 한다고 나는 믿는다. 일부는 사는 곳이 양반마을이라는 것에 자부심이 대단한데, 나는 상하의 양반이 아니라 정신의 양반을 지향하는 편이다.

이러한 생각은 시대를 거부하는 것이 아니라 더 나은 문화적 가치의 확산을 위해 이런 주장을 하는 것이다. 화려하나 향기가 없는 물질문명에 경도된 사회보다는 단아하나 멀리 가는 향기를 지닌 사회가 정말 지속적인 발전을 향유할 자격을 갖춘다는 것이다. 이익과 타협에 능숙한 일차원적이고 평면적이며 기계적인 사람보다는 천천히 가나

사진제공_전무수

• 개실마을 전경

● 개실마을 점필재 종택

• 점필재 종택 사랑채(문충세가)

더불어 가며 멀리 가는 사람이 되고 싶기 때문이다.

그 이유는 자명하다.

고령 개실마을에 가면 접무봉과 화개산의 품에 안긴 점필재 김종직1431~1492의 고택이 버티고 있기 때문이다. 나비가 춤추는 듯한 형상의 봉우리와 인문의 꽃이 활짝 피는 산이 있는 곳이다.

점필재佔畢齋 김종직은 누구인가?

그는 조선시대 전기의 문신이자 사상가이며, 성리학자, 정치가, 교육자, 시인이다. 가장 중요한 점은 그가 재지사림在地士林의 주도로 성리학적 정치질서를 확립하려 했던 영남 사림파의 증시조曾始祖라는 사실이다. 사림士林은 각자의 고향에서 유학을 공부하던 문인과 학자로 조선 중기의 중앙정계를 주도한 정치집단을 지칭한다. 고려 말기의 유학자 길재吉再가 은퇴하여 고향에서 후진 양성에 힘쓴 결과 영남 일대는 그의 많은 제자가 배출되어 조선 유학의 주류를 이루었으며, 훈구파에 대립하여 사림파士林派라고 불리기도 했고, 유림으로 불리기도 했다.

그에 앞서 점필佔畢의 뜻을 살펴보니 이러했다. 점필은 '책을 엿본다'는 뜻으로, '책의 글자만 읽을 뿐 그 깊은 뜻은 알지 못함을 이르는 말'이라고 한다. 언뜻 연상되는 말이 있었다. '간서치看書痴'가 그 말이다. 간서치는 '책을 읽는 데만 열중해서 세상물정에 어두운 사람을 비유적으로 이르는 말'이다. 무언가 일맥상통하지 않는가. 자신의 학문에 그만큼 겸손했다는 뜻으로 나는 해석했다. 김종직의 시대는 그러했다.

조선왕조의 개창 이후 세상의 흐름은 고려를 정신적 고국으로 간주하여 따르려는 이들과 새 왕조인 조선을 따라야 한다는 부류로 양분되어 있었다. 그들 가운데 많은 사람들이 조선을 정통성이 있는 왕조로 간주하여 출사하려는 경향이 짙었다. 조선은 창업 군왕들과 세종, 문종과 같은 수성 군왕들이 국정을 지속적으로 쇄신하면서 강력한 개혁정책을 밀어붙이고 있었다. 이와 같은 혁신적인 분위기 속에서 민심은 크게 안정됨과 동시에 경제가 안정되면서 사회 전반에 걸친 놀라운 발전이 이어질 수 있었다.

그렇지만 이러한 안정적 상황은 단종1452~1455 원년의 계유정난癸酉靖難으로 한순간에 위기를 맞았다. 계유정난은 소년 군주 단종재위의 왕위 계승에 불만을 품은 숙부 수양대군이 문종의 유훈遺訓을 받아 어린 국왕을 보위하던 황보인, 김종서 등 대신들을 제거하고 권력을 장악한 반역이었다. 권력지향의 야심으로 똘똘 뭉친 수양대군이 주도한 반역에는 세종과 문종의 치세에 핵심 역할을 한 다수의 명망가들이 참여했다. 심지어 신진 사대부들의 산실이었던 집현전 학사들도 대부분 반정을 지지하거나 침묵으로 일관했다. 무력으로 장악한 군사력과 명분을 내세운 선비들의 협력을 배경으로 집권에 성공한 수양대군은 반역 3년만인 1455년에 마침내 조선의 제7대 국왕인 세조재위. 1455~1468로 즉위할 수 있었다.

이후의 사태는 급박하게 진행되었다. 사육신으로 대표되는 저항의 사건과 세종의 여섯째 아들 금성대군이 일으킨 단종 복위운동을 비롯하여 문종과 단종의 신하로 수양대군의 불법적인 정권탈취에 항의하는 관료와 선비들이 예상보다 많았음이 만천하에 알려지게 되었다.

이때의 관료사회는 세조의 반역을 적극 지지하면서 정치와 경제를 독점한 훈구대신들과 이들의 불법과 불의를 강력하게 비판하는 하위 관료들로 크게 양분되었다. 왕실과의 혼인을 통해 혈연적·정치적으로 굳게 맺어진 훈구관료들의 강고한 권력 구조 아래, 하위 관료들과 선비들은 아무리 재능이 있다 해도 주요 관직이나 고위직 진출이 사실상 불가능하게 되었다. 사회적 혼란은 극에 달했다.

미네르바의 부엉이는 저녁에 날갯짓을 한다고 했던가. 이런 정치적 상황에 실망하고 분개한 하위 관료들과 선비들에게 새로운 활력을 불어 넣어주면서 정치적으로 결집하도록 이론적 논리를 제기한 이가 바로 점필재佔畢齋 김종직金宗直이었다. 야은冶隱 길재吉再의 제자인 강호江湖 김숙자金叔滋의 아들로 태어난 그는 이른바 '영남 사림파'의 선구자들로부터 학문적·사상적 전통을 그대로 물려받은 신진사대부였다. 그는 중앙의 정계에 진출하기 이전에 이미 탁월한 성리학자로 이름을 알렸고, 그로 인해 수많은 제자들을 배출하기도 했다. 불교를 옹호하는 세조의 정책들을 면전에서 비판하다가 파직되는 등의 강직한 관료생활로 인해 오랜 시간 한직을 전전하면서 험난한 선비의 생활을 꿋꿋하게 감내했다.

이러한 그의 재능을 알아보고 발탁한 이는 세조의 손자로 학문을 좋아하였던 성종이었다. 집권 2년째인 1470년에 성종은 국왕의 자문 기관인 홍문관을 설립하며 그를 초대 관원으로 발탁했다. 성종의 총애 속에 그는 마침내 꿈에 그리던 중앙정계의 요직으로 진출할 수 있었다. 중요한 것은 탁월한 문장가이기도 했던 그는 당대 문장가들인 신숙주, 강희맹, 서거정과 같은 훈구파 대신들과 폭넓게 교류하면서 자신의 정치적 입지를 넓혀갔다. 이런 사실이 후학들에게 많은 비판을 받기도 했다.

그의 관직 생활은 매우 엄격했고 정치적 교류 또한 아주 냉철했다. 그가 교제한 이들은 학문적으로나 사상적으로 그와 취향을 같이 하는 인물들로 몇 사람을 제외하고는 대부분 경상도 출신이었다. 그런 그의 학문적·정치적 영향력이 점차 커져가자, 훈구대신들은 그와 그의 추종세력들을 '경상도당慶尙道黨'이라 부르면서 본격적으로 견제하기 시작했다. 그러나 그는 왕실세력과 훈구대신들의 집중 견제 속에 중앙 관직의 수행이 어렵다고 판단하여 지방관을 자원했고, 그 후 10년간 함양 군수와 선산부사를 역임했다. 그 관직을 끝으로 중앙정치에서 물러날 결심을 선택할 수밖에 없을 정도로 그를 후원하는 정치 세력은 전무했다. 고립무원의 그를 다시 중앙무대로 불러올린 이 역시 성종이었다. 성종은 1482년부터 왕실과 훈구세력의 영향에서 벗어나 자신만의 정치를 실현하려 온갖 노력을 쏟아 부었다. 그가 던진 정치적 승부수가 바로 김종직의 홍문관 응교應敎로의 발탁이었다. 이후 김종직은 성종의 각별한 보살핌 속에 승승장구하며 형조판서를 거쳐 관직의 꽃인 재상 반열에 올라서게 되었다.

성리학자로 학문적인 명성, 탁월한 문장가, 수많은 제자들을 거느린 스승, 여기에 재상급 관료라는 정치적 성공의 이력까지 획득하게 되면서, 그의 주변에는 수많은 인재들이 몰려들었다. 그의 학문적·정치적 영향력이 커져가면 갈수록 그의 추종자들을 중심으로 세조에서 비롯된 훈구세력에 대한 비판의 목소리가 거세졌다. 친정체제를 확실하게 굳힌 성종의 집권 후반부는 훈구세력에 대한 신진 관료들의 정치적 사상적 공격이 본격적으로 감행되었다. 이런 상황에서 그에 대한 훈구세력의 견제는 더욱 집요해졌고, 결국 그는 형조판서를 끝으로 조정에서 물러나고 말았다. 그는 62세의 일기로 고향 밀양에서 조용히 숨을 거뒀다.

그가 사망했음에도 불구하고 그가 지핀 정치적 사상적 정풍整風 운동은 그의 제자들과 그를 추종했던 많은 신진 관료들에 의해 지속되었다. 그렇지만 연산군이 즉위하면서 정치의 풍향계는 다시 훈구대신 쪽으로 기울어졌다. 그동안 수세에 몰렸던 이들은 때를 놓치지 않고 김종직과 그의 제자들에 대한 대대적인 탄압을 감행했다. 그의 추종 세력들은 무오사화戊午士禍와 갑자사화甲子士禍에서 대부분 사형을 당하거나 유배를 가는 등 가혹한 정치적 복수를 당해야만 했다.

그러한 정치적 시련은 늘 그러하듯 그 끝이 있었다. 훈구파

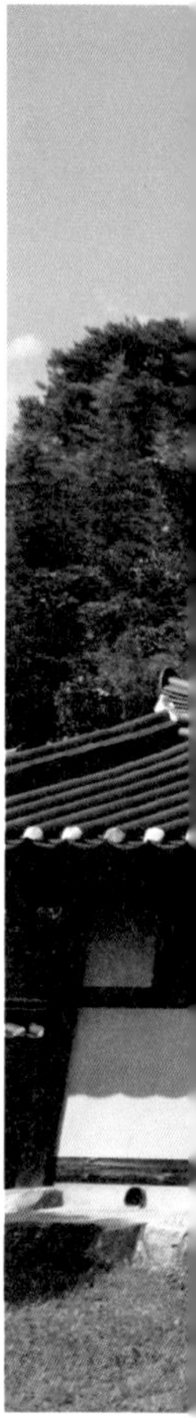

● 고택 뒤 오른쪽으로 김종직 선생을 모신 불천위 사당

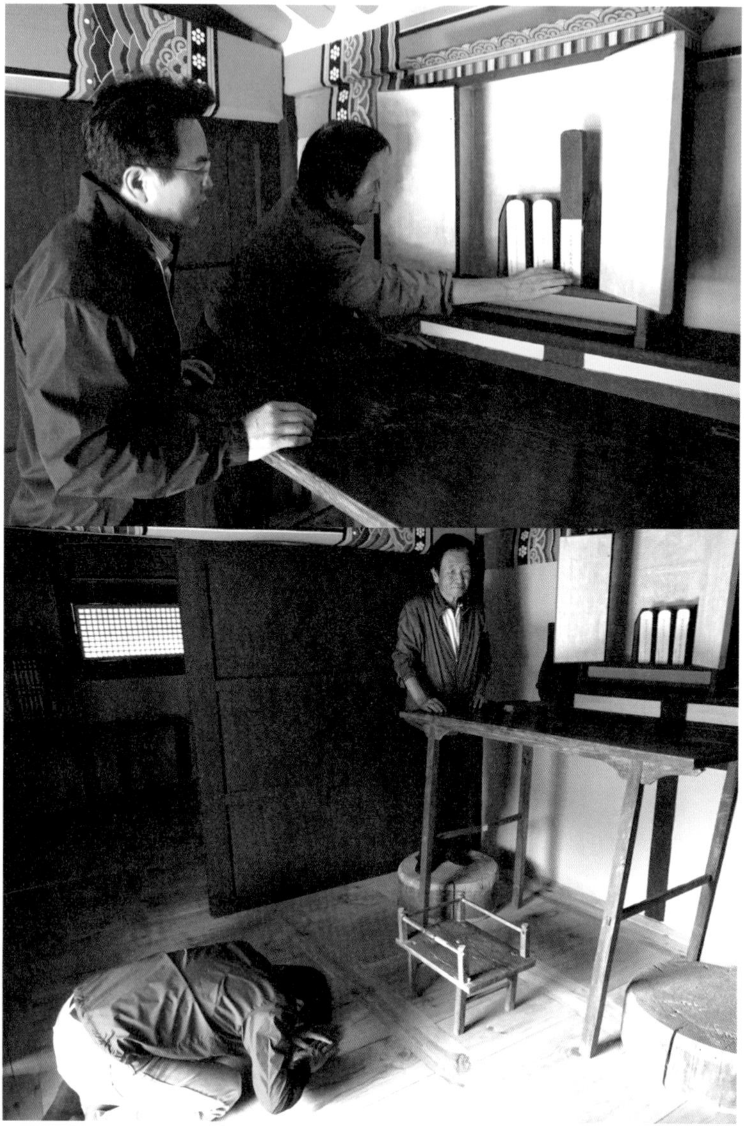

● 점필재 사당 참배

들의 필사적인 노력은 실패로 막을 내렸다. 김종직이 뿌린 사림의 정신은 제자인 한훤당寒暄堂 김굉필金宏弼에 의해 도학운동道學運動이라는 더 거센 불꽃으로 타올랐기 때문이다. 비록 김종직은 갑자사화 당시 형장의 이슬이 되기도 하고 부관참시의 참혹한 치욕도 겪었지만, 그가 심은 도학과 선비정신은 시대를 뛰어넘었다. 그의 문도들은 중종반정中宗反正 이후 본격적으로 도학운동에 뛰어들었다. 이들은 중종의 암묵적인 양해 아래 이른바 기묘명현己卯名賢의 활동을 통해 연산군이 저지른 폭정의 흔적들을 씻어내고 반정공신들인 훈구세력들의 불법을 비판하는 등 현실 정치에 도학정치라는 이상을 이식하고자 많은 노력을 기울였다.

이후의 정치적 상황도 별반 다를 것이 없었다. 수없이 많은 정치적 싸움에 무수히 많은 선비들이 피를 흘리고 외면당하고 운명을 달리했다. 그것이 상대에 의해서이건, 임금의 정략적인 판단이건, 자체적인 노선의 부정합으로 스스로 자멸한 것이든 변명의 여지가 없었다. 그럼에도 불구하고 김종직이 씨를 뿌리고, 김굉필이 꽃을 피우고, 조광조가 결실을 거둔 도학정치라는 새로운 정치 실험은 기묘사화, 을사사화라는 비열하고 혹독한 정치적 탄압의 국면에서도 결코 수그러들지 않았다. 도학정치는 명종 20년에 사림파가 집권에 성공함으로써 마침내 조선왕조의 국시國是로 승인받게 되었다. 김종직이 펼치고자 했던 충정 어린 마음과 헌신으로 100여 년 만에 조선왕조를 전혀 다른 세계로 변화시켰던 것이다.

한 사람의 진지한 성찰과 노력이 결국 국가의 역사를 바꿨다는 점에서 김종직과 그의 추종자들의 정치적 사상적 모험은 지금의 시대에 이르러서도 높이 평가받아 마땅하다. 정치적 실험은 개인의 것이 아니라 모두의 것이기 때문이다. 그러나 정확히 말해서 사림과 훈구 모두 각자의 입장이 있었을 것이다. 그러나 그것이 공적이었는가, 왕조를 위한 것이었는가, 이런 부분에 대해서는 내 판단은 약간 유보적이다. 진정 백성을 위한 것이었는가 되묻고 싶은 심정이 간절하다. 이것이 나의 생각이다.

점필재의 시간을 천천히 걸어본다. 여전히 고요하다. 그 아래에서는 선연한 선비들의 푸른 피가 흐르고 있는 듯하다. 목숨을 내어던져도 절의와 명분을 중요한 덕목으로 받들고, 아무리 사소한 일이라도 시비를 분명히 밝히는 것은 참다운 사람의 길로 접어드는 것이라고, 선생은 지그시 나를 보고 훈계하는 듯하다.

11. 부인 조씨의 죽음,
아내를 그리워하는 애절함 [52세]

# 역사 속에 숨다, 현실을 직시하다

## 고령 장기리 암각화

암각화는 추억이다, 무서운 추억이다.

학문적이고 고고학적인 추억이다.

역사의 기억이다.

심연(深淵)의 역사, 그 뒤의 길고 긴 그림자다.

암각화는 조용한 횃불이다.

영원히 꺼지지 않는 불꽃이다.

타오르지는 않지만 꺼지지 않는다.

증명(證明)이다.

중요한 것이, 바로 너의 주소다.
아무도 부정하지 못한다.

너희가 이렇게 사는 것을 지켜보고 있다.
그러므로 건재하다, 그것이 존재의 이유다.
부침과 풍화를 견디고도 나름의 가치를 지키고자 했다.
비록 몰골이 남루해도 본질을 가릴 수는 없기에,
찬란한 햇살에 전부를 현신(現身)한다.
보라, 모든 것을 걷어낸
차갑고 알찬 상징을!
시간은 진실을 배반하지 않는다.

이 글은 고령의 장기리 암각화를 탐방하고 난 뒤의 감상을 적은 글이다. 두서없지만 기억이 생생하다. 산 그림자, 물소리와 바람소리를 발판 삼아 무작정 걸었다. 나로서는 그것이 제일 정직한 방법이었다. 그러나 걸을수록 발목을 잡는 언어의 수신호, 교감을 원하는 촉각적인 울림이 있어, 제대로 걷지 못했다. 언어로는 통하지 않아도 무의식을 자극하는 그 어떤 울림 때문에 자꾸만 더뎌지는 발걸음, 물소리는 아예 심장을 저격하고 있는 느낌이었다.

그때를 생각하면 아직도 늑골이 아리고 둔중하다.

● 장기리 암각화

울산 반구대 암각화도 너무 아름답고 선명한 기억이었다. 신석기시대부터 선사인들이 고래, 호랑이, 사슴, 거북, 물고기, 사람 등의 형상과 고래잡이 모습 등을 조각해 놓았다. 현란한 기하학적인 무늬와 어제 그린 듯 선명한 그림들이 그들의 일상을 그대로 옮겨 놓은 현실감각이 너무나 뛰어나다. 이에 맞서 고령의 장기리 암각화도 그에 못지않은 풍부한 예술적 감각을 자랑하고 있다. 개인적인 생각이지만 회화적인 요소가 다소 적긴 하지만 그보다 앞서 기하학적인 문양들이 상징하는 내용이 더욱 풍성하고 품격이 높다는 것을 은연중에 깊히 느낄 수 있다. 좌우대칭의 균형이 엿보이는 검파형문, 태양을 상징하는 듯한 동심원문, 후세에 전하는 듯한 메시지임이 분명한 듯한 선각문과 원문, 그리고 동물을 표상화한 듯한 문양들이 단정하고 다감하고 정감스럽다. 그 뜻을 어찌 헤아릴 수 있을까마는, 자세히 보고 아득한 환각에 빠져들어 무언의 대화를 나누고 있는 나를 발견하곤 한다.

장기리 암각화는 지상으로 내려온 별의 흔적이라고 나는 생각했다. 수 억의 시간을 초월하는 수화手話였다. 교신交信이었다. 외계인의 언어가 아니라 말 이전의 가장 순수한 언어였다. 그 결정체라고 나는 믿는다.

전남 화순에 가서 고인돌 군락을 본 적이 있다. 장엄했다. 고인돌은 말이 없고 역사를 추론하지 않았다. 의미를 부여하지도 않았다. 직시直視하고 있을 뿐이었다. 그래서 역사가 완성되는가 싶었다. 그러나 까마득한 세월을 짐작할 수 없어 더불어 침묵했다. 최상의 예의라 생

● 울산 반구대 암각화 호랑이

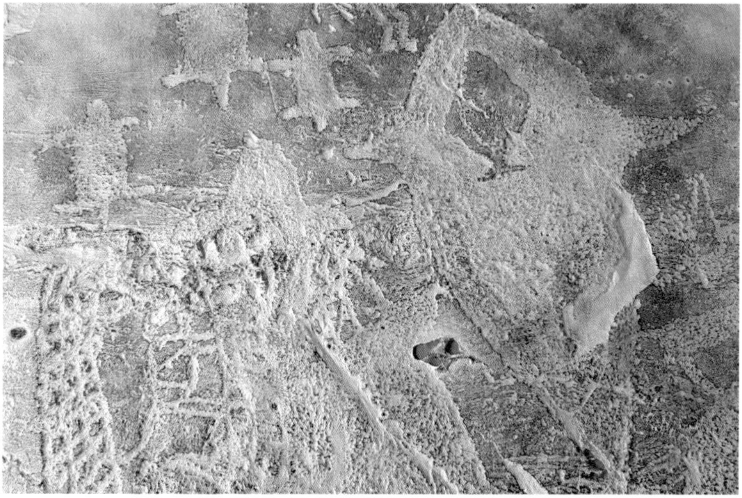

● 울산 반구대 암각화 고래

● 옛 고령의 모습(1950년대)

각했다.

고인돌에 기대어 오래 앉아 있었다. 그 동네에 사는 친구는 그냥 돌덩이를 왜 이렇게 간직하고 보호하는지 모르겠다고 했다. 모르지는 않는 듯했다. 가까이 있으면 그 존재의 가치를 덜 느끼는지 모를 일이지만, 아연했다. 역사적 가치를 설명하려다 그만두었다. 슬쩍 웃으며, 왜 모르겠냐마는, 가끔씩 오는 관광객이 시끄러워서, 머물며 소비하지 않고 들렀다 가는 그들의 행태를 비판했다. 그래도, 내 고향 고령에 이런 것이 있어 좋다고, 계면쩍게 고백했다.

문화란 그런 것이다.

쉽게 다가가지 못한다.

아니, 개념이 구비되지 못한 교육의 문제, 일상화 되지 않은 문화적 감각의 접근법이 결여된 탓이다. 낭비와 소모가 아니라 포용과 수용, 누림의 문제임을 애초부터 알지 못하기 때문이다. 프랑스 파리의 일주일을 우리 명승지의 하루가 감당하지 못한다. 물리적인 거리를 탓할 일이 아니다. 콘텐츠와 스토리의 부족, 아쉬운 인프라, 소비자 위주가 아니라 개발자 위주의 개발정책? 다 부질없는 일이다.

어디에서부터 잘못된 것일까?

우리 문화의 향유는 일상적으로 누릴 수 있는 모두의 것인데도 불구하고 갑자기 특별한 것이 되어 버렸다. 아니, 특별한 것이 아니라 하향평준화의 주인공으로 저평가 되어 버렸다. 오페라와 뮤지컬과 콘서트에 너무 매몰되어 버렸다. 우리 것은 별 가치가 없고, 시간 낭비이고, 그래서 어쩔 수 없이 학교에 제출할 인증의 사진자료로 전락되고 말았다.

성급하고 즉물적이고 선택의 자유를 박탈당한 너무나 소시민이고 착한 사람들을 탓할 일은 아니다. 그렇다고 정책을 탓할 일도 아니다. 시작부터 문제였으니 말이다. 그 책임을 나부터 통렬하게 공감한다. 백 번 또 백 번 사죄를 해야 할 일이다.

고령 장기리 암각화는 선사시대에서 발현한 한반도 고유의 전형적인 암각화 유적이다. 최대 규모의 검파형 암각화 유적이기도 하다. 아울러 한국암각화 연구에 있어서 최초의 학술적 연구가 시작된 곳이

• 1971년 장기리 암각화 모습

기도 하여 그 자체로도 큰 의의를 가지고 있다. 또한 장기리 암각화의 내용은 선사시대 문화의 가시적인 문양 표현에 있어서 가장 완성도가 높으며, 선사시대의 정신적 고유성과 독자성을 가지고 유구하게 이어진 선사문화의 결정체라고 해도 과언이 아니다.

한국암각화협회는 한국의 암각화 중에서도 검파신체문 암각화는 주로 영남 북부 지역을 중심으로 독창적인 농경의례 문화를 형성하였다고 지적했다. 주변국과는 다른 한반도 영남지방 고유의 특징적이면서도, 자생적인 암각화를 매개로 농경의례를 시행하였던 선사시대 고대인들의 정신세계를 여실히 반영하고 있음으로 평가했다. 장기리 암각화 유적은 농업경제를 기반으로 하는 고대인들의 우주와 자연에 대한 경외감과, 그들의 기원을 염원하던 제의祭儀 장소였다. 이 암각화 제작자는 청동기시대의 마을을 수호하는 샤먼이며, 새롭게 대두되는 정치적 지배자와는 계통을 달리하는 청동기시대 이래 전승되어 오던 무속 신앙 주재자였다는 것이다.

모든 사회가 그러하듯 선사시대에도 오늘날과 별반 다를 바 없이 권력이 형성되기는 마찬가지인 형상이었다. 권력자로서 지배자의 등장으로 생존을 위한 투쟁이 나날이 전개되는 와중에, 개인의 삶은 스스로 챙겨야 할 정도로 사회적 영역이 점진적으로 확대되는 시기였음을 짐작할 수 있다. 석기시대와 청동기시대를 지나고 철기문화가 발달하면서 점차 구조적인 사회의 모습을 갖추면서 계급적 문제도 발생했을 것이다. 그리하여 당연히 종족번식과 농경의 풍요를 기원하는 형태로

• 고령군 쌍림면 산당리 성혈

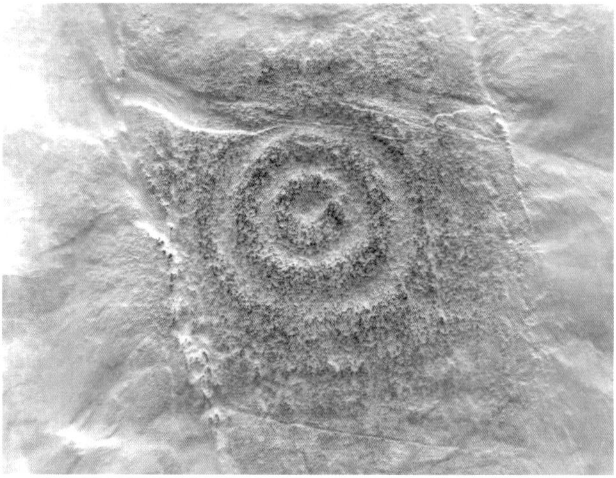

• 고령 장기리 암각화 탁본

사회적 문화가 변형되어 갔을 것이다.

이것은 우주와 천체, 하늘의 태양과 같은 무궁한 경외의 대상으로부터 두려움과 더불어 정치적 격변기의 와중에서 번식과 풍요를 기원하는 인간중심의 관념으로 변화한데 따른 결과로 풀이된다. 우리가 일반적으로 성혈性穴이라 부르는 너럭바위의 존재도 그 암각화의 일환일 것이다. 혹자는 윷판처럼 생긴 것으로 보아 성혈星穴로 해석하는 사람도 있다. 그만큼 하늘에 의지할 수밖에 없는 선사인의 심성을 그대로 재현한 것이라고 해석하는 것도 과도한 짚음은 아닐 것이다. 무계리와 월산리, 신당리의 윷판형 암각화가 그 대표적인 암각화다.

자세한 것은 아직 아무도 모른다. 그러나 분명한 것은 우리 장기리 암각화는 영남지방 검파신체문 암각화의 전형적인 형태를 띤다는 역사적 사실, 나아가 농경의례를 가장 활발하게 시행하던 시기에 제작된 귀중한 문화유산이라는 사실은 명확한 증거에 기반한다.

나는 몰랐다. 우리 고장에 이렇게 아름답고 역사적인 가치가 있으며 최소한 한반도의 존재를 증명할 수 있는 실증적인 사료가 엄연하게 존재하고 있음을 말이다. 그래서 더욱 우리 고령의 암각화는 더 특별한 의미가 있다.

우리는 '암각화' 하면 울산의 반구대 암각화를 제일 먼저 떠올린다. 그럴 수밖에 없는 것이 울산이 가진 지리적 접근성과 홍보 방식의 규모에서 우리 고령이 절대적으로 열세에 놓여 있기 때문이다. 행정상의 경험과 전문적인 지식을 동원하여 본래의 가치를 창출하는 기술의 부

족도 인정하지 않을 수 없다. 아프지만 점진적으로, 그러나 적극적으로 극복해야 할 문제이다. 시간은 기다려주지 않는다. 잊혀지기 전에 나서야 한다. 문화의 힘은 구를수록 불어나는 눈사람 같아서 의미를 부여하고 뜻을 나누어야만 가치를 평가받을 수 있다. 우리의 가치는 우리가 창출해야 한다.

인터넷으로 접근해 봐도 그 차이와 한계를 분명하게 느낄 수 있다. 온갖 방문기와 웹사이트 등도 내용이 거의 대동소이다. 스토리가 너무나 없다. 이런 문제는 향토의 작가들이나 전문가들의 지원을 받아 개발, 내지는 계발啓發해야만 한다. 그리고 학술적 논문으로 접근하려

해도 기존의 방식을 그대로 따라 사용료를 지불해야 한다. 접근 횟수도 그리 많지 않다. 그리고 너무 개괄적이다. 그럴 바에야 제대로 개방하여 무한정의 토론과 발제를 할 수 있도록 문호를 넓혀야 한다. 개방으로 호응을 유도해야 한다.

문화사적인 의미를 확보하고 철저하게 해석하여 또 다른 의미를 부여함은 물론 그 가치를 확대시킬 수 있는 작업이 필요하다. 솔직히 그런 노력이 부족하다는 걸 인정하지 않을 수 없다. 물론 각고의 노력을 기울여 연구한 논문을 그냥 공짜로 볼 수는 없다. 그렇다면 신분만 확인되면 무료로 열람이 가능하게 하고 그 비용은 행정적으로 처리하면 된다고 나는 생각한다. 한시라도 지체되어서는 안 될 일이다. 각성을 촉구한다. 그 각성을 스스로 자각한다.

또 하나 간과하지 말아야 할 일이 있다.

암각화 가운데 세계유산으로 지정된 사례를 검색해 보았다. 카자흐스탄 탐갈리 암각화를 비롯하여 아르헨티나 리오 핀투라스, 연해주의 사카치아럔, 이탈리아 발카모니카, 스웨덴 타눔, 탄자니아 콘도, 아프리카 나미비아 등이다. 이들은 거의 대부분 암각화 그 자체로 세계유산이 됐다. 모두 나름대로 보존이 잘 된 암각화지만 훼손 상태가 심각한 곳도 많다. 관광지가 된 암각화는 비록 물에 잠기는 곳은 없지만 인위적인 탐조시설이 들어서서 과거로부터 물려받은 암석과 현대의 인공미를 연결한 곳이 대부분이다. 어설픈 타협이다. 울산의 경우도 마찬가지다. 그 지리적 특성상 물에 잠기는 부분의 보존을 위해 골

● 세계문화유산 카자흐스탄 탐갈리 암각화

머리를 싸매고 있는 실정이다.

거기에 비하면 고령의 암각화는 대단히 좋은 입지 조건에 들어서 있다. 그러나 지금의 덮개 위주의 보호책으로는 부실할 뿐만 아니라 지속적인 관리가 많이 미흡하다. 발상의 전환을 넘어 근본적인 개선책을 도출해야 한다.

울산시는 2020년 반구대 암각화를 세계문화유산에 등재하는 것을 목표로 올해 상반기 중 관련 연구 용역을 진행할 예정이라고 한다. 울산시는 3억 원 예산을 투입해 연구 용역을 마무리하고 최종 보고회를 마친다는 계획까지 세웠다. 이어 반구대 암각화 세계문화유산 등재 이전에 해야 하는 우선 등재 목록에 이름을 올리고, 등재 후보로 선정될 수 있도록 준비한다는 방침이라고 한다. 반구대 암각화는 지난 2010년 세계문화유산 잠정 목록에 등록됐다. 잠정 목록은 세계문화유산이 되기 위한 예비 목록으로 등재를 위한 사전절차다.

2010년 이후 취임한 거의 모든 문화재청장은 반구대 암각화가 순례 코스가 됐다. 답사를 할 때마다 시장은 반구대 암각화의 세계문화유산 등재를 위한 적극적인 역할과 협조를 요청했고, 청장들은 적극 협조를 약속했다.

우리는 왜 움직이지 않는가?

아니, 그렇지는 않을 것이다. 부단한 노력을 경주하고 있을 것이다. 그러나 가시적인 성과가 너무 미미하다 보니 오히려 답답할 뿐이다. 앞에서 언급했듯이 인터넷에 거론되는 기사마저도 단순하고 단출하며 반복적이다. 대책을 서둘러야 한다.

화순의 고인돌 유적지에 갔던 사람이든, 울산의 반구대 암각화를 보고 온 사람이든 그들의 공통적인 후일담의 특징은 그 유물들이 자신에게 말을 걸어온다는 것이다. 비록 말은 통하지 않아도 무수히 많은 신호를 보내면서 대화를 한다는 것이다. 거기에 귀를 기울이다 보면 생각하지도 못한 아름다운 경험을 한다는 것이다.

그 조형미도 예사롭지가 않다. 피카소도 울고 갈만큼의 풍부한 조형미가 있다. 서툰 듯 단정한 그 상징물들이 뜻하는 것은 무엇일까. 살펴보고 느끼다보면, 희미하지만 무엇인가가 보인다.

거기에는 시대를 초월하는 언어가 있다. 상상력을 무한정 자극한다. 이런 경험이 정말 여행의 의미가 아닐까?

역사를 지킨다. 역사를 간직한다. 이런 거창한 덕목은 당장 급하지 않다. 공유하지 않으면 소통도 없다.

우리의 이 아름다운 정신적 자산을 스스로 휘날리지 못한다면 얼마나 낭패이고 손해인가!

문화적 풍토를 풍부하게 가꾸고 조금이나마 관광 세수를 넓히는데 기여하여 군정에 기여하는 일석이조의 효과까지도 노려보는 건 너무 단순한 기대일까? 철없는 투정인가!

# 말머리가리개(馬冑)에 관한 명상

## 고령과 철기시대의 소고(小考)

저 눈망울을 보라!

1500년 전의 출토물이라고 하기엔 그 형상이 너무도 생생하다. 방금이라도 콧김을 내뿜으며 달려들 듯하다. 미끈한 목의 선이며 내리뻗은 콧날이 정교함을 넘어 극사실적이다.

대가야를 상징하는 수많은 유물들이 있지만 나의 가장 관심을 끈 유물이 바로 말머리가리개였다. 상당히 현학적인 취미라고 지청구를 들을 수도 있는 사안이지만 나는 유독 말머리가리개에 집착한다.

저 가리개를 덮어쓴 그 말들은 시대를 초월하여 지금 내 눈앞에서 나를 응시하고 있다. 온화하나 눈길이 바르고 단호하며 정직하다. 역

사를 추정하는 자세에 있어서는 문헌과 증거가 일차적으로 가장 중요하겠지만, 소위 말하는 역사적 상상력도 그에 못지않은 추론의 근거가 된다. 상식적인 원류를 지나치게 벗어나지만 않으면 말이다.

갖가지 투구와 갑옷을 비롯하여 말갖춤의 구성물인 재갈과 발걸이, 안장, 말띠드리개를 가만히 관찰하고 있으면, 역사적 실체로서 대가야의 모습이 나름대로 재현되고 있기 때문이다. 왜 하필 나는 전쟁을 상상하는가. 하나의 국가가 그 근본적인 위상을 확립하기 위해서는 자체적인 국력과 문화와 체제를 갖추는 것이 가장 기본적인 덕목이겠지만, 끊임없이 충돌하면서 외세와의 협력 내지는 확장이 필요하기 때문이다. 굳이 전쟁이 아니더라도 문명의 충돌로 발생하는 국가 존재의 이유가 엄연히 존재하기 때문이다.

왜 말머리가리개인가?

혹자는 더러 말한다. 삼국시대가 아니라 사국시대로 기록이 되어야 한다고 말이다. 분명한 것은 대가야가 고대국가의 완성을 이룩하지 못한 것으로 결론이 난 이상, 더이상 추론은 무의미하다. 다만 강자 혹은 승리자의 입장에서 쓰여진 역사에 대해 반론을 제기하는 것은 아주 의미가 없는 일이 아닐 것이다. 지금까지 남아 있는 수많은 증거와 문헌에 의하여 그 정당성과 정체성을 따라가다 보면 상당한 결과를 도출할 수 있음이 분명하다.

수많은 산성, 운라산성과 무계리 산성, 예리산성, 미숭산성, 그 밖의 많은 산성이 뜻하는 바가 과연 무엇이겠는가? 전쟁이라는 개념을 도입하는 것이 아니라 왕궁을 중심으로 형성된 각 읍락들이 내부와 외부의 경계를 형성하면서 국가의 모습을 추구한 흔적이기 때문에 그 정당성을 획득하고 있다고 믿기 때문이다.

나는 말머리가리개에서 그 물음의 첫 단추를 끼워보고 싶은 것이다. 그것은 단순히 농경문화에서 발현된 부족국가가 아니라 다른 외부와의 경쟁과 충돌로 인해 발생하는 문화적 교류를 통해 자신만의 고유한 특색을 지닌 국가 형태를 추구했기 때문이다. 신라의 고분군에서 발견되는 왕관이나 귀고리 등등의 장식물이나 수많은 칼과 화살촉, 쇠창이 일정한 곳에서 발견되는 것처럼 대가야의 고분 양식이나 출토되는 부속물들이 거의 비슷한 형태를 띠고 있다는 점에서 경쟁하고 비교되는 국가의 위신을 여실히 드러내고 있기 때문이다.

중요한 것은 대가야 양식의 묘제를 지닌 고분군들이 합천, 거창, 함양, 남원, 장수 등지로까지 분포되어 있다는 사실이다. 이런 사실은 5세기 이후 대가야의 외부 진출을 증명하는 주요한 증거라고 학자들은 말한다. 최소한 국가 간의 교류가 활발함은 물론 각 나라의 정치체제가 나름대로 편성되면서 경쟁은 필수적인 사항으로 작용했을 것이다. 중국과의 교류, 일본과의 왕래가 빈번해질수록 자신들의 정통성을 확보하고 힘의 우위를 점하기 위한 노력은 자연스럽게 경쟁을 가열시켰을 것이다.

이때의 대가야의 영역은 합천을 중심으로 한 황강 유역권, 거창·함양·산청·지리산 주변의 남강 상류 및 진주의 남강 중류권, 고성의 남해안권, 하동을 중심으로 한 섬진강 유역권, 장수·진안·임실을 중심으로 한 금강 상류권에 이르는 광범위한 지역으로까지 형성되었다는 것이 학자들의 견해이다.

그러나 신라의 법흥왕시대 이후부터 지속적인 낙동강 유역의 진출과 신라와의 결혼 동맹이 파정되는 과정에서 대가야의 운명은 새로운 기로를 맞게 된다. 백제가 고구려의 장수왕 때의 굴욕적인 열세를 만회하고 농업경제의 기반 확대를 위해 통한 내부 안정을 도모하기 위하여 가야에 대한 주도권 장악의 야심을 노골적으로 드러낸다. 위협을 느낀 가야는 신라와 결혼동맹을 통해 대항하며 위기에서 벗어나

사진제공_고령군청 정무수

● 고령 지산동 고분군

려 애썼다.

그러나 이 전략은 오히려 신라의 낙동강 진출을 허용하는 패착이 되고 말았다. 다시 후사를 도모하던 가야는 백제의 성왕과 연합하여 대항하기로 했으나 관산성 전투에서 패배하여 돌이킬 수 없는 길로 접어들고 말았다. 이후 진흥왕 때인 562년에 대가야가 반란을 일으켰다는 소위 '가야반伽倻叛'을 빌미로 삼아 신라 기병대로 하여금 기습을 시도하여 대가야를 역사의 뒤안길로 소멸시켜 버렸다.

대가야 멸망의 결정적 이유는 두 가지로 해석된다. 강력한 집권세력의 구축 실패가 그 우선이다. 우후죽순처럼 발현하는 복속세력들을 통합하려는 노력의 시도는 늘 진행되었지만 온전하게 하나로 묶는 지배체제를 완성하지 못하고 분열되어 힘의 규합에 실패했기 때문이다. 또한 낙동강이라는 남북을 가로지르는 장애물과 함께 백두대간의 양쪽으로 위치한 지리적 폐쇄성 때문에 원활한 대외관계를 형성하지 못해 고립을 자초한 측면도 없지 않게 작용했던 것으로 추측이 된다.

가야의 여러 부족국가 가운데에서도 고구려 백제 신라에 버금가는 고대국가로 성장했던 대가야는 처음부터 완성된 국가형태를 갖추고 출발한 나라는 아니었다. 삼한시대 변한의 반로국半路國이라는 작은 나라에서 출발하여 점차 국가적인 체계를 갖추면서 대가야로 발전해 나갈 수 있었다고 역사는 전한다. 고대국가로 성장해 나갈 수 있었던 가장 중요한 요인은 철을 생산하고 다루는 기술이 기반이 되었기 때문이다. 세력이 가장 왕성했던 5세기경 대가야는 섬진강 유역까지 진출해 운공고원의 철산지를 장악하기도 했다. 그 증거로는 남원 월산리 고분군과 두락리 고분군에서 출토된 대가야 계의 자루솥, 고리자루큰칼, 말갖춤류, 투구와 갑옷 등이 생생한 증거로 제시되고 있다.

대가야는 당시 최대의 선진 문물인 철기문화를 금관가야로부터 받아들였다. 4세기부터 대가야는 철제농기구를 사용함으로써 농업생산력을 높여왔으며, 야료철산을 개발하는 등 제철기술을 국가 발전의 원동력으로 삼았다. 지금도 합천에는 야로冶爐면이라는 이름이 남아있다. '야로'는 우리말로 풀무를 뜻하는데, 이는 쇠를 다루는 대장간이란 뜻이다.

최근에 미숭산 일대와 합천 야로 지역, 쌍림면 용리 지역에 제철로 유적이 온전하게 발견되었다. 대가야시대 이후 조선시대까지 품질 좋

• 미숭산성

은 철을 생산했고 왕실에 납품까지 했다는 기록이 전해진다. 『세종실록지리지世宗實錄地理志』에는 야로현이 해마다 9,500근의 철정을 바쳤다고 기록되어 있다. 고대의 야철산업의 전통이 그대로 이어졌음을 보여주는 기록이다. 고대사회에서 경제유통은 철이 화폐를 대신할 가치를 지니고 있었다. 따라서 철의 생산과 유통은 철저히 국가의 통제 아래 관리되고 있었다. 또한 그것은 대가야의 중앙집권체제로 좋은 기회였다. 그러나 무슨 연유에서인지 그런 기회를 활용하지 못했음이 분명해 보인다. 아마도 미비된 행정체계나 혹은 집단간의 알력으로 인해 정상적인 궤도에 오를 수 없는 환경이었을 것이다.

강대국이 되기 위해서는 모든 면에서 준비가 필요하다. 이 시기의 절대조건은 철기문화의 완성이었다. 그러므로 철 생산의 원료가 되는 철광석이나 사철의 확보가 우선 전제되어야 하고, 이를 녹여내는 데 필요한 질 좋은 목탄이 안정적으로 보급될 수 있는 조건이 선행되어야 한다. 이와 같은 원료와 연료를 이용해서 철광석을 녹여 철을 분리해 내는 기술, 즉 제련기술이 무엇보다 중요했다.

녹인 철은 무기나 도구를 만들기 쉽도록 일정한 크기의 납작한 철판, 즉 철정으로 만들고 이를 마치 굴비처럼 엮어 여러 매씩 묶어 유통했다고 한다. 이러한 덩이쇠는 신라와 백제의 무덤 속에서도 간혹 발견되기도 하지만 유독 대가야의 고분에서 많이 발견되었다고 한다.

큰 것의 길이는 40센티미터가 넘는 것도 있지만 대략 20센티미터의 것이 주축을 이룬다고 한다. 대가야가 가장 융성했을 시기인 5세기

• 철정

때 이런 것들이 많이 발견되다가 6세기경이 지나면서 아주 작아지다가 결국 사라졌다고 한다.

갑옷과 투구는 전쟁에서 부상을 막아주는 역할도 하지만 그것을 사용하는 사람의 권력을 상징하는 위세품이기도 하다. 갑옷과 투구는 신라의 여러 지역에서보다 대가야의 지역에서 더 많이 출토되었는데 이런 사실만 보아도 대가야의 정치적 경제적 위상을 짐작하고도 남음이 있다.

1978년 발굴 조사된 지산리 32호의 고분에서 발굴된 갑옷과 어깨가리개는, 평소 왕이 사용했던 것으로 보이는 금동관과 투구와 함께 여러 가지 유물들이 함께 출토되었다. 그 가운데 갑옷과 투구는 대가야 철제품 생산기술을 유감없이 보여주는 유물로 정평이 나있다. 특히 긴 철판을 작은 쇠못으로 촘촘히 박아 연결한 투구는 머리 부분뿐만 아니라 그 뒷부분까지 보호할 수 있도록 제작되었다. 투구의 종류는 철판의 모양과 연결방식에 따라 종류가 다른데, 보병용의 판갑옷과 기병용의 비늘갑옷이 그것이다.

국립중앙박물관에 소장된 이 철기유물은 등판 높이 40.6cm, 가슴판 높이 34.7cm, 몸통 너비 49.6cm로 갑옷은 장방형 철판을 여러 장 못으로 박아 붙여 만든 것으로 등을 가리는 부분과 좌우 가슴을 가리는 부분 등 3개로 구성되어 있다. 오른쪽 가슴의 것은 입고 벗을 때 편리하도록 떨어져 있다. 어깨가리개는 장방형의 판을 목에 끼울 수 있도록 반원형의 홈을 판 후 어깨의 굴곡에 맞도록 휘어 만들어 좌우

● 갑옷과 어깨가리개

2매로 구성이 되어 있다. 이런 사실만 보더라도 용도와 상황에 맞게 철을 제련하고 다룰 수 있는 능력이 뛰어났음을 보여주는 사실이 아니고 무엇이겠는가.

대가야 왕릉전시관에서 출토된 챙이 있는 투구는 대가야가 철의 왕국으로 군림하였다는 찬란한 시절을 그대로 보여주는 유물이다. 오늘날 챙이 달린 모자와 거의 비슷한 형태의 이 투구는 마치 진흙을

만지듯 원하는 형태대로 제작하였음을 여실히 보여준다. 그 정교함은 세심한 기술과 안전을 고려한 기능성까지 겸비했다. 이렇게 대가야는 철제무기의 대량생산으로 강병强兵을 만들었고 농사에 우수한 철제 농기구가 이용될 만큼 철기문화鐵器文化가 발달하였다. 가락국의 다른 이름인 금관가야金官伽倻는 곧 쇠나라[鐵國]라는 뜻이며, 수로왕은 김해철산을 지배해 철왕으로 군림할 수 있었다고 전한다.

아울러 철기의 사용은 벼농사를 크게 발달시켰다. 벼농사는 철로 만든 농기구를 효율적으로 사용하여 노동력을 배가시켜 주었다. 고래로 우리가 일찍부터 벼농사가 발달한 것도 일찍부터 철이 생산되었기 때문이다. 안정적인 농업 생산은 백성의 삶을 안정시켜 주는 동시에 부국과 강병의 야망으로 확대되기도 했다. 완벽한 나라는 없다. 지배자들은 더 나은 나라를 꿈꾸었을 것이다. 주변의 상황이 서로 대치되는 정치적 상황도 무시하지 못했을 것이다.

철기는 무기로도 우수했다. 그들은 철로 만든 무기를 사용하여 원주민을 정복하며 정복국가를 세웠다. 반항하는 자는 무기로 정복하고, 순종하는 자는 농기구와 벼농사의 혜택을 주었다. 나라가 발전하는 것은 안으로의 행복에만 있는 것이 아니었다. 그 힘을 과시함으로써 정통성을 확보하고 더 널리 영역을 넓혀 보다 나은 조건의 나라를 꿈꾸었다.

내가 주목하는 부분이 바로 이것이다.

4세기 중반쯤 제작된 것으로 보이는 환두대도環頭大刀 몇 종류이다. 지산동 39호 고분에서 출토된 환두대도길이 30.0cm, 옥전M3호에서 발견된 환두대도길이 113.1cm, 지산동 32NE-1호 환두대도는 길이가 60.96cm이다. 각각의 환두부의 소용돌이 형 무늬장식은 가야의 상징적 문양紋樣으로 추정이 된다.

또 3세기 후반에 제작된 것으로 보이는 삼익형철촉은 길이 10cm, 촉머리 너비 2.6~3cm 크기의 화살촉으로 크기로 보아 지배계층의

신분을 상징하는 장식용으로 사용된 것으로 추측된다. 내가 주목하는 중요한 부분이다. 이전의 가야시대 철촉에서는 볼 수 없는 이 철촉은 고구려 고분 쌍영총벽화에 그려진 무사가 사용하고 있다는 점이다.

다시 말머리가리개로 돌아가 본다.

그 찬란했던 대가야의 문명이 활짝 피어나지 못하고 어디로 갔다는 말인가?

말머리가리개의 말과 그 위에 올라탄 무사는 과연 어느 곳을 바라보고 있는가?

물론 역사는 냉철하다. 그것을 부인할 수는 없다. 다만 아쉽고 부족해서 이렇게 유물로나마 그 시절을 바라보고 유추한다는 것이, 마치 가슴에 멍울이 든 듯하다. 그 수많은 유물, 토기나 금관왕관, 찬란한 귀고리와 장신구, 모든 고분들이 그 크기와 숫자와 규모에 있어 어느 것 하나 뒤질 것 없는 찬란한 문명이었는데, 과연 무엇이 조금 부족했단 말인가!

역사는 말이 없다. 그리고 역사적으로 다 해석되어 있다. 우리는 그것을 다시 가슴에 새기며 내일을 조망할 뿐이다. 그러나 가슴 속의 자부심, 자긍심, 내면에 흐르는 민족적인 강인함과 아울러 후세에도 영원히 물려줄 문화적 자부심은 백 번을 강조해도 지나침이 없으리라 믿는다.

왜 말머리가리개인가, 왜 환두대도인가!

결론은 부국강병과 문화창달, 두 개의 바퀴가 제대로 조화를 이루어야만 진정한 국가가 탄생한다는 점이다.

말머리가리개의 살아있는 눈빛을 다시금 느낀다.

환두대도 침묵의 우레를 듣는다.

무기가 아름다울 필요는 없지만, 환두대도는 너무 아름답다.

# 2

•

# 글씨와 그림이 나의 무지를 통탄하네

# 팔능거사(八能居士)를 그리며

## 시서화 삼절(三絕) 석재(石齋) 서병오(徐丙五)

좋은 화집을 한 권 서재에 놓아두면 가을 추수를 끝낸 농부처럼 마음이 든든하다. 그것은 정신의 화수분이다. 마르지 않는 샘이며, 뿌리 깊은 나무라서, 사람이 촉촉하게 살 수 있다는 것이 그렇게 기쁠 수 없다. 대구미술관에서 발행한 『대구미술을 열다-석재 서병오』가 바로 그 책이다.

두고두고 꺼내 읽으며 공부한다. 글씨며 그림이며 시를 읽으며 마음을 가다듬는다. 시서화 삼절三絕로 유명한 석재 서병오1862~1935 선생의 화집은 나에게 인생의 교과서이다.

그는 천부적인 자질을 마음껏 발휘하여 여덟 가지 방면에 능하여 팔능거사八能居士라 불리었다. 그 능함의 여덟 가지는 시詩, 서書, 화畵는 물론 금琴, 기碁, 박博, 문文, 의醫를 이르는 것이니 가히 천재라 불릴 만하다.

좋은 화집 한 권 마련하면, 내 마음에는 늘 산과 바위가 생긴다. 파초와 연꽃이 피어 있고, 난과 대나무, 이끼가 자란다. 매화가 있고 단풍이 있다. 목란이 핀다. 병풍이 있고 부채가 있어 더워도 덥지 않고 추워도 춥지 않다.

마음에는 깊은 묵향墨香이 있다.

석재 선생은 시서화가 모두 융합된 전형적인 종합예술인이다. 글씨와 그림과 시가 모두 일정 이상 수준을 유지하는 것은 쉬운 일이 아니다. 팔능거사라는 별칭이 그저 주어진 것이 아니다. 시정화의詩情畵意이자 서화동률書畵同律이다.

참 아름다운 말이 있다.

영이위호永以爲好,

영원히 사랑하라는 뜻이다.

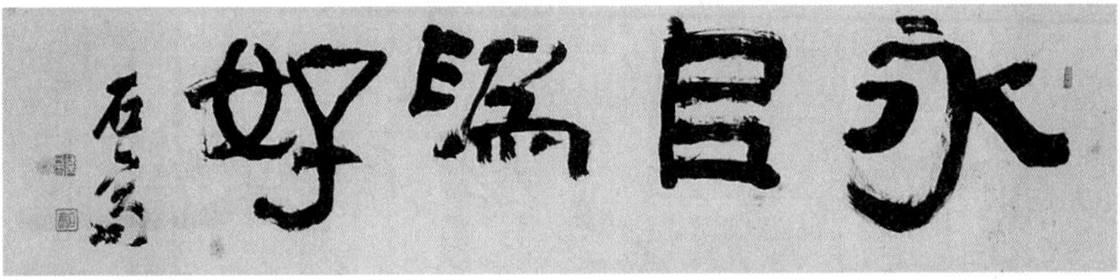

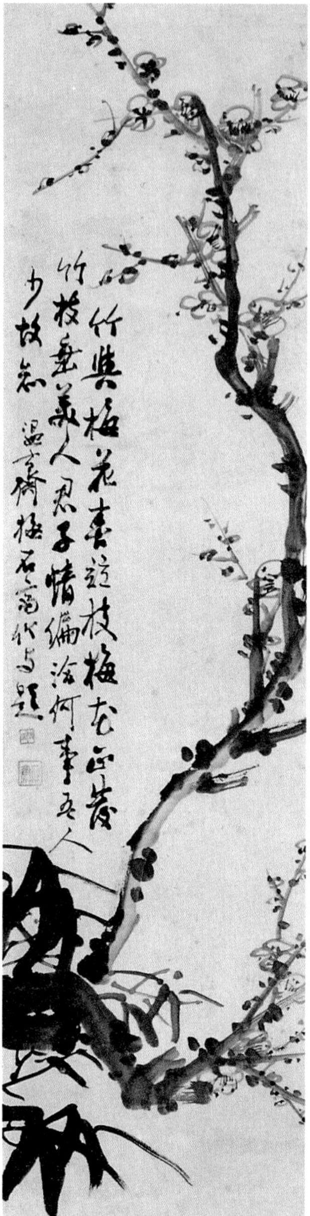

석재 선생은 석재라는 호도 흥선대원군에게 받았다고 한다. 흥선대원군 이하응의 곁에 머물면서도 지위를 향상하지는 못한 모양이다. 기개는 만개했으나 꽃을 피우지는 못했다. 그래도 아름다운 모습을 남겨주셨다. 나라의 성쇠를 몸소 지켜보면서, 흥망興亡과 우국憂國, 그리고 그 혼란의 시대에서 자신만의 소명을 조용히 꿈꾸었을 것이다. 부잣집 아들답게 크게 세상사에 얽매이지 않고 예술에 몰입하고 갖가지 잡기에도 능하며 의술까지 능통했다고 하니 가히 팔능거사라 할 만하다. 이육사 선생이 그의 약방에서 약배달을 했다는 이야기도 전해지고, 한의학자인 무위당 이원 선생과 죽농 서동균 선생도 그에게 배웠다고 한다. 유명한 소설가 이문열 선생의 소설『금시조金翅鳥』에서 석재는 '석담'으로, 죽농은 '고죽'으로 표현되었다고 한다.

그림과 글과 시대적인 현실이 상상력을 통해 예술로 승화하면 그런 위대한 작품이 탄생되는 모양이다.

竹與梅花春竝枝 (죽여매화춘병지)
梅花正發竹枝垂 (매화정발죽지수)
美人君子情偏洽 (미인군자정편함)
何事吾人少故知 (하사오인소고지)

대나무와 매화가 봄이 드니 가지를 함께 하며
매화꽃 막 피고 댓가지 드리웠네
미인과 군자가 흠뻑 정에 빠진 듯한데
어찌하여 우리 사람들은 오랜 친구가 드문가!

읽고 보고 느끼는 것이 참으로 좋다. 문인의 향기를 느끼는 것은 스스로를 성찰하는 기회를 제공한다.

나서면 모든 것이 문門이다. 벽이 있어도 문이 된다. 공부의 효율이다. 가치를 따지는 것은 다음의 문제다. 가치는 평가의 대상이 아니다. 그 자체로 의미가 있기 때문이다.

이런 시는 마음을 휘두른다.

煙開翠扇淸風曉 (연개취선청풍효)
水汎紅衣白露秋 (수범홍의백로추)

안개가 걷혀 푸른 잎 펼쳐지니 맑은 바람 부는 새벽이요
물결 위로 붉은 꽃잎 떠 가니 찬 이슬 내리는 가을이네.

세상사가 그렇지 않은가. 시작은 창대하나 결과가 시들할 수 있다. 성경에 시작은 미미하지만 결과는 창대하리라는 말이 있지만, 반드시 그렇지 않다. 먹고 사는 문제는 낭만적이지 않다.

대호쾌활大好快活이라는 글씨는 너무 좋다.

아무리 어려워도 마음은 그렇게 해야 한다고 꾸짖는 듯하다. 쾌활함을 크게 좋아한다? 어려울수록 대범해져야 한다. 쉬운 일은 아니지만, 마음을 정비하지 못하면 미래를 예측하지 못한다.

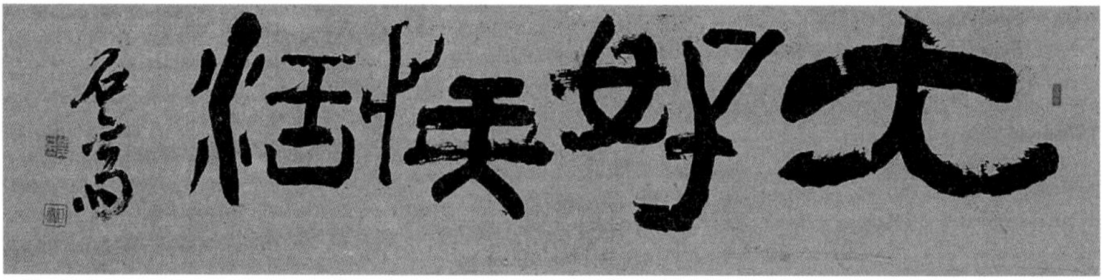

무심한 듯 쓴 행서가 다시 눈길을 잡는다. 읽고 또 읽는다.

無塵終不掃 (무진종불소)
有鳥莫令彈 (유조막령탄)
若要添風月 (약요첨풍월)
應除數百竿 (응제수백간)

티끌 없으니 결국에는 쓸어낼 것 없고
새가 있으니 거문고를 타지 마시게
만약 청풍과 명월을 더 얻으려 한다면
당연히 수없이 많은 대나무를 베어내야 하리라.

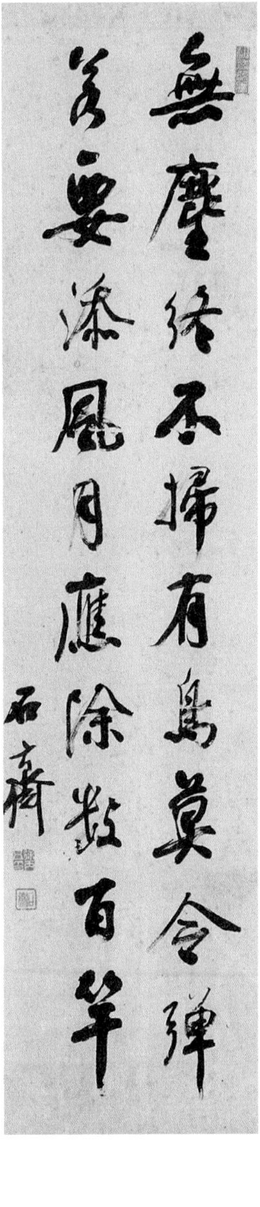

시적詩的 상상력, 혹은 인문학적人文學的 상상력은 시간과 공간을 초월한다. 거기에서 발명과 발견이 시작된다. 기술적인 문제 이전에 무엇인가의 가능성을 발견하고 그것을 현실에 적용시켜야 한다. 시작은, 늘 그것이 이루어질까, 방법은 무엇일까, 논리적으로 합당할까, 그런 궁금증에서 시작된다. 그리고 그것은 현실이 된다.

석재 선생은 이렇게 생각했을 것이다.

雨竹濕 煙竹迷 雪竹寒 風竹蕭蕭然 如有聲也

(우죽습 연죽미 설죽한 풍죽소소연 여유성야)

비 맞은 대나무는 축축하고, 안개 속 대나무는 흐릿하고, 눈 맞은 대나무는 차갑고, 바람 맞은 대나무는 소소한데 마치 잎사귀 떨어지는 소리가 나는 듯하다.

유독 대나무에 비유한 표현들이 많다. 지조를 상징하고 절개를 표현하며 자신의 심지心地를 표현하기 위한 차용일 것이다. 매난국죽이 왜 그런 상징들일까? 조용한 항거抗拒, 자신에 대한 응징으로, 스스로 독려함의 표현이라고 나는 생각했다. 쓰신 글의 절창을 적는다.

西牕引得江湖夢 (서창인득강호몽)
只爲乾聲似荻花 (지위건성사적화)

서창에서 강호의 꿈을 꿀 수 있는 것은
댓잎 소리가 억새꽃 소리와 같기 때문이네.

선비는 외롭다.

외롭기 때문에 선비이다.

선비이기 때문에 정진한다.

학문에서 자아를 발견하고, 스스로를 정립正立한다. 자신을 위하고 후세를 위한다. 완성은 없지만, 완성을 지향한다. 그래서 새롭다.

그런 글을 읽는 것이 참 새롭고 좋다.

# 가장 따뜻하고 강렬한 화가

화가 이인성

## 우리 시대의 천재를 만나다

"어느 일요일 아무리 하여도 야외사생 가고 싶은 마음을 참을 수 없어서 뒷방에서 가만 가만 준비를 하여 가지고 뒷담을 뛰어 넘어 산격동(山格洞)이라는 곳으로 가서 기쁜 마음으로 하루 종일 사생을 하고 집에 돌아오니 부친께서는 벌써 아시고 기다리다가 그만 붙잡혀서 화상(畫相)이며 화필(畫筆)이며 모조리 분지르는 중에 그림 그린 것만 가지고 도망가고 말았다. 그 그림을 세계 아동 작품전에 출품하여 특선을 받았으나 다만 나 혼자 기뻤다. 부모는 도리어 노하실 때 서러운 생각도 들었다. 그러나 조금도 낙망치 않고 도리어 굳게 노력하여서 조선미전에 〈그늘〉이라는 작품을 출품하여 당선장을 받았다. 그 후로부터 호랑이 같은 아버지도 이해를 가지게 되며 따라서 나는 새로운 웃음과 의지를 가졌다."

예술가는 그 본성의 무엇이 태어날 때부터 있는지 모르겠다. 핏속에 잠재해 있는 그 본능적이고 끓어오르는 감각이 현실의 자아를 부정하면서까지 밖으로 표출할 수밖에 없는 기질이 존재하는 모양이다.

위에 인용한 글은 화가 이인성1912~1950의 어릴 적 일기 한 부분이다. 무엇이 그 어린 소년으로 하여금 그림을 그리게 하는 동기를 저렇게까지 부여했을까. 시퍼런 부모의 통제를 거부하고, 당시에는 금기라 할 수 있는, 도무지 용납을 받을 수 없는 일탈을 감행하는, 그 담을 넘는 용기는 도대체 어디서 생기는 걸까? 열한 살에 대구 수창공립보통학교에 입학할 정도로 가난했던 이인성은, 오직 그림으로, 자신의 뜻을 관철하는 인생을 시작했다. 그의 천재성은 어릴 적 그 행동에서 오롯이 드러나고 있다.

그 시대의 모든 사람이 그랬듯 우리 역시 내면의 목소리에 귀를 기울일 만큼 한가하지 않은 세상을 살았다. 입시로 대변되는 경쟁의 소용돌이 속에서 오직 부모를 대신하여 자신의 앞날을, 그 기약 없는 나날들을 추구하기 위해 무조건 맹종하는 삶을 살았지 않았나 싶다. 그럼에도 불구하고 그런 울타리를 벗어나 자신만의 길을 가고자 주위의 따가운 시선도 무시하며 자신의 길을 걸어간 사람들이 있었다. 우리는 좁은 범위의 의미로, 생의 부분에서, 역량의 문제가 아니더라도, 그들이 이룬 업적이 사회발전의 거대한 원동력은 아니라고 하더라도, 그럼에도 불구하고 사회를 움직인 작은 동력動力의 기저基底로 작동했던 사실에서, 그들을 예술가라고 부른다.

### 가장 극명하고 가장 따뜻한 작가

시대의 요구에 충실하면서도 시대를 초월하는 그림의 추구도, 당대의 평가와 후대의 평가를 두루 아우르는 감각적 작업, 시대에 만족하면 후대를 약속할 수 없고 후대만 바라보면 당대가 누추하고 비참할 수도 있다. 이것은 시대가 증명하는 사실이다. 때로는 기회적일 수는 없지만 현실에 충실하며 생生을, 생활生活을, 생활인生活人의 가치도 추구해야만 한다. 남자로, 남편 혹은 아내로, 자식으로, 아비로, 모든 것에 완벽할 수는 없었겠지만, 우리는 좀 보편적인 사람이 될 필요가 있다. 지극히 보편적이고 평범하면서 그 이면의 세계에서는 극단적이지 않으면 된다.

다시 말하지만 보편적 사람이란, 정말 일반적이고 평범한 사람이다. 범부凡夫란, 우리 자신의 초상이다. 예술은 그런 것을, 가치에 편향되지 않고 기록하는 것이다. 미술의 다른 힘은 설명하지 않고 보여줌으로써 직설적 접근, 보이는 대로의 느낌을 전달할 수 있는 커다란 장

점이 있다. 그만큼 현실과 자신의 신념에 충실해야만 된다. 시대적 역할과 소명에 충실하지 않고 매진하지 않는다면, 껍데기만 그릴 뿐만 아니라 기능을 팔아먹은, 정신을 소비하는, 이익만 추구하는 장사치보다 더한 잡배가 될 확률이 높다.

예술의 힘은 사람을 사람답게 살게 하는 길을 열어주는 것이기 때문에 더욱 성찰이 요구된다. 다른 방법도 많기는 하다. 유미주의이거나 다다이즘이나 쉬르리얼리즘, 기타 등등의 온갖 유형들의 방법을 차용해 자신들만의 방법으로 세상을 표현하며, 혹은 조롱하며 스스로 파멸하기도 한다. 그럼에도 불구하고 불변의 가치는 인간의 길을 향한다. 이런 사실은 우리가 주목해야 할 중요한 가치이자 덕목이다. 이인성의 그림에서 나는 그런 느낌을 강렬하게 느끼곤 했다. 이인성의 덕목을 강요할 생각은 조금도 없다. 그리고 나의 주장은 예술의 특수성이 아니라 일반성을 이야기하는 것이다.

모든 사람에게는 아름다움을 누릴 그럴 자격이 있다고 나는 믿는다. 다만 선택은 개인의 자유이고 권리이다. 중요한 것은 자발적인 시간 낭비가 아니라 선택적인 경험의 축적으로 소중한 투자임을 간과해서는 안 된다는 사실이다. 문화적인 경험은 선택의 폭을 넓혀 자신의 인생 폭을 넓히는 것이다. 그런 경험은 자신의 삶을 윤택하게 해 준다. 누리지 않는 사람은 결코 알지 못할, 스스로의 자산, 그런 것에는 품앗이가 없다.

K-팝은 그들만의 고유가치가 분명하게 존재한다. 판소리 역시, 오

● 경주의 산곡에서

페라 역시, 뮤지컬도 예외는 아니다. 트로트라고 예외가 있겠는가. 그 다양한 장르만큼 사람들의 기호와 선택은 제각각이다. 아무도 그들의 고유영역을 침범할 수 없다. 존중해야 한다. 그럼에도 불구하고 나는 왜 미술을 이야기하는가?

〈경주의 산곡에서〉라는 그림을 본다.

참고로 이 그림은 언젠가 일단의 평론가들이 '근대 한국 유화 베스트 10'을 선정했는데, 이 그림이 1위에 올랐다. 그 베스트 10중에 이인성의 그림 두 점이 선정된 사실 역시 그의 뛰어난 예술성과 천재성을 유감없이 증명해 주었다.

## 비평과 비판의 경계를 너머

그림을 보는 순간 서머싯 몸의 소설『달과 6펜스』가 불현듯 떠올랐다. 내용과는 전혀 관련이 없다. 있다면 타히티로 떠난 주인공이 그곳에서 그린 그림의 분위기가 그와 흡사한 화풍을 띠고 있다는 것뿐이다.『달과 6펜스』는 고갱의 삶과 그림 이야기를 다룬 소설이다. 고갱의 그림과 분위기가 흡사하기도 해서 표절, 뭐 이런 정도의 느낌, 영감의 부족, 시대적 영향에 따른 출세주의적 화풍, 상상력의 빈곤, 시대와의 야합, 천재라는 이름의 절묘한 수용적 변형과 절체절명의 시대적 소환, 이런 비판들이 쏟아지기도 했다고 한다. 그 역시도 시대를 거부하지 못하고 시대를 반역할 수는 없었을 것이다.

낱낱이 설명할 수 없지만 언뜻 나의 뇌리에 떠오른 생각은 이런 것이었다. 이런 날카로운 말은 혼자만의 이야기, 그야말로 독백이다. 내 이야기를 들어주는 사람들에 대한 최소한의 감정을 말하는 것으로, 그의 그림에 대한 애정을 먼저 짚고자 함이다. 나는 그림에 대한 해석의 약체성을 스스로 알고 있으므로, 성급하게 비판할 수도 있을 뿐만 아니라 그런 권리 정도는 있다고 우기는 사람이다. 모든 것이 긍정이라면 그림을 비롯한 모든 예술의 대상에서 우리는 아무것도 보지 못할 것이다.

권리와 자유는 누군가가 던져주는 공짜의 선물이 아니다. 우리는 다소 삐딱하되, 긍정의 가능성의 힘을 믿을 것, 언제나 세상은 유쾌하다는 명제를 무시하면 안 된다는 것, 정말 힘든 사람들에게는 사치스런 말일 수도 있다. 그러나 희망의 판도라 상자의 그것이 아니라고 나는 생각한다. 긍정의 그 끝에서 찬란한 절망을 보아야 한다고 나는 생각한다. 그 부정의 끝에서 희망 찾기, 그런 이벤트, 그런 여유를 스스로에게 선물해야 한다고 나는 생각한다. 시간을 벌어서 그림을 읽는 것이 아니라 그림을 읽음으로써 시간을 벌어야 한다고 나는 생각한다. 그것은 자본주의적인 나쁜 거래가 아니기 때문에 나는 기꺼이 그 중재자가 되고 싶다. 아쉬운 것은 나의 능력이 그에 미치지 못함이다.

그림의 분위기에 압도되어 그런 생각은 얼른 자리를 비워주고 그 강렬함에 푹 빠진다. 비슷한 분위기의 〈가을 어느 날〉이라는 작품도 예외는 아니라는 생각이 든다. 원색과 곡선의 현란하고도 유려한 필치, 그리고 푸른 하늘은 시각적인 대비를 극명하게 보여주고 있다. 작가의 의도일지 모른다. 분명한 것은 내면적인 충분한 성찰을 거친 회화적 발언, 언어를 뛰어 넘는 극사실의 언어를 그는 표명하고 있었다. 그토록 강조하고 싶었던 황토색의 의미와 푸른 하늘의 상징은 도대체 무엇이었을까. 난망하지만 즐거운 고통이다. 그림을 읽는 것은 그런 것이라고, 고통과 희열의 극명한 지점에서 뽑아내는 설명할 수 없는 진수를 스스로 챙기는 것이다. 창밖에는 바람이 분다.

## 스스로 그림 읽는 고단한 즐거움

모든 작품에 대한 평단의 평가는 극명하게 다르게 마련이다. 평론가들이 평한 많은 비판과 찬사를 보면서 내가 느낀 점의 동의와 견해가 다른 의견이 교차하는 것을 접할 때, 그림 읽는 것의 즐거움이 거기서 탄생된다. 그림은 보는 만큼 보인다는 말은 틀린 말이 아니었다. 그리고 아는 만큼 보인다는 지적도 매우 적절한 표현이라는 생각이 들었다. 주관적이되 비판적이지 않고, 객관적이되 동의하지 않는 자세가 필요하다는 것이 또한 나의 그림을 보는 자세이기도 하다. 숲도 보고 나무도 보는 것이다. 이 천재 화가의 그림을 보는 것 또한 많은 관점에서 접근하는 것이 반드시 필요하기 때문이다.

그러나 분명히 밝히는 것은 그 어떤 말이라도 이인성의 작품에 대한 비판은 아니라는 사실이다. 감상하는 사람에게 그 정도의 권리는 주어져야 한다. 비판이 맹목적인 비판이 아니라 정확한 사실관계에서 비롯된 극히 주관적인 감정이라면 그것은 해석하는 사람의 고유의 몫이다. 나는 미술평론가가 아니며 미술사가는 더더욱 아닌, 그저 그림을 나름대로 이해하고자 하는 관람객이니까 말이다. 그러고 보면 관람자라는 위치는 참 소중한 자리다. 애정이 있으니까 말이다.

비평적 지지는 상당히 중요한 요소이다. 비판批判이 아니라 비평批評이 되어야 하니까. 비판이 옳고 그름을 판단하는 것이라면, 그것은 누구도 그러할 수 없다. 옳고 그름은 신의 영역이다. 누가 누구를 비판하는가? 그러나 비평은 그 가치를 논함에 의의가 있다. 비판만큼 비평도 어려운 일이지만, 내 가치를 강요할 수 없으므로 당신의 가치도 옳다고 인정해야만 한다. 그 차이일 뿐이다.

### 의지의 표상, 인간의 다른 이름

그림 〈경주의 산곡에서〉가 내게 준 충격은 너무도 역동적이어서 차라리 산뜻하다는 느낌이었다. 충격과 산뜻함은 거리가 멀다. 그럼에도 불구하고 그 간격에서 느껴지는 감정이 동일선상에서 충돌하고 있음을 분명하게 느낄 수 있었다. 그것은 흔한 경험이 아니었다. 마치 맷 데이먼이 출연한 영화 〈마스〉의 배경이 되는 듯한 곳에서 독기 가득한 시선으로 절망하는 한 소년, 동생인 듯 보이는 소년은 아이를 업고 있다. 광풍이 몰아치고 난 뒤의 들판에서 그들은 무엇을 보고 있는가? 그들의 각자 다른 시선에서 나는 표현할 수 없는 전율을 먼저 느꼈다.

무엇인가, 이 세기말적 풍경은? 산천은 유구한데 인걸은 이 세 사람뿐인가. 피식 쓴 웃음이 나오기도 했다. 절망을 부숴버리기라도 할 찌푸린 표정의 소년의 손에는 농기구인 듯한 연장이 들려 있다. 몇 숟갈 밥을 먹고 이 난관을 헤쳐 나갈 의지를 다지고 있는 듯 보인다. 그리고 아이를 업은 소년과 강아지가 바라다보는 방향이 어쩐지 같은 곳을 향한다. 현실과 이상이 절묘하게 조화를 이루는 이 구도는 보는 이로 하여금 가슴 한구석에 불을 지피는 듯한 느낌을 들게 하기에 충분하다. 나만의 감상인가? 그렇지는 않을 것이다.

그럼에도 불구하고 이 그림이 참으로 따스하다는 데서 나의 내면적 모순과 갈등이 폭발하는 것이었다. 그 이유는 나는 이런 장치에서 찾아볼 수 있었다. 산 너머에 보이는 첨성대임이 분명한 탑과 푸른 하늘이 그것이다. 화가의 시선과 감정은 이런 황폐함 속에서도 별을 관찰하는 미래지향적 사고와 푸른 하늘에 꽂혀 있는 듯싶다. 작가가 추구하는 이러한 인간적 가치가 내재內在되어 있다고 나는 강조하고 싶은 것이다. 이런 경향은 〈한정〉이라는 작품에서도 여실히 드러나고 있다.

이런 조금은 난해한 작품들이 있다면 그 반대의 경향을 띤 두 작품이 있는데, 그것은 〈계산동 성당〉과 〈겨울 풍경〉이다. 마음이 편해지는 그림이다. 〈계산동 성당〉은 약간 몽환적인 분위기의 그림이다.

대구 사람들에게는 이미 유명해진 '이인성 나무'가 거기 서 있다. 성당이라는 성스러운 곳을 이인성은 보다 친근한 이미지로 접근하기 위해 이런 필치를 사용하지 않았을까. 디테일하지 않지만 전체를 강조하면서 기하학적인 표현을 사용하여 조금은 평면적으로 보이게 그린 것이 이 그림의 특징이라고 할 수 있다. 성스러움과 고귀함, 세속과의 차이점을 유별나게 강조하다 보면 그 그림은 일반인의 관심을 희석시키는 결과를 초래할 수도 있지만, 이 그림은 친근하고 다정다감하다. 사람을 배려하는 그림이다.

## 참으로 아름다우나 어렵다

일에 지칠 때나 사람에 치여 우울하고 피곤할 때면 항상 〈겨울 풍경〉을 본다. 미루나무인 듯 백양목인 듯 늘씬하게 하늘을 향해 치솟은 나무들을 보고 있자면 눈이 시원해진다. 돌계단을 지나 숲을 올라 언덕 위의 집에 도달하면 어떤 따스한 평화가 나를 기다리고 있을까. 이런 상상은 더없이 즐거운 놀이다. 거기서 마시는 따스한 차 한 잔은 대체 어떤 맛일까? 계절의 겨울보다 더 추운 것이 인간의 겨울이다. 그래서 산은 나무를 키우며 우리를 돌보아 주는지도 모를 일이다. 그가 쓴 '산'에 관한 짧은 글이 한 위대한 예술가의 소회를 그대로 보여주는 듯하다.

● 계산동 성당

참으로 산은 아름답다.
저 산, 저 하늘, 저 구름.
참으로 자연 그대로의 아름다운 모습이다.
게다가 하늘빛은 새맑고 투명한 코발트
여기에 구름 한 조각이 변화무쌍하게 움직인다.
특히 아름다운 것은 저녁 무렵의 풍부한 회색조의 색채다.
아, 아름다운 빛은 장시간 바라볼 수 있는 변화 많은 색채다.
그림 한 장을 그리는데도 순간적 감수성을 머리에 지그시 넣지 않으면
얼토당토않은 그림이 되고 말리라.
참으로 아름다우나 어렵다.

오래 전 강의에서 배운 한 줄의 글이 떠오른다. 장 알베르 파브리시우스의 『물의 신학』에 나오는 말이라고 들었다.

"폴립도, 카멜레온도 물만큼 자주 색깔을 바꾸지는 못할 것이다."

이인성은 산에서 그런 것을 본 모양이다.
그 산은 사람이다.
사람은 하늘이다.

# 예술적 효용성, 시대의 가치 재현

## 화가 이쾌대

"현실 조선의 과학적 파악자인 예술가-우리의 예술가는 유산자를 위한 사치품의 제조자가 아니오. 민중의 피와 살을 돋우며, 그 감각과 기분을 살리면서 또 생활과 활동을 향도하고 붙들어 주는 위대한 존재가 아니면 아닐지니 조선의 실태를 과학적으로 파악하여 그 마음의 소리를 밝게 듣는 예술가를 요구한다는 것도 이 때문이라 할 것입니다."

1935년 『신동아』에 발표된 이여성李如星의 「예술가에게 보내는 편지」 중의 일부이다. 이여성은 이 글의 주인공인 이쾌대李快大, 1913~1965의 형이자 정치가이면서 화가였던 사람이다. 격변의 해방공간에서, 그 격랑의 소용돌이 속에서 이념이나 사상에 휩쓸리지 않고 오로지 사람 그 자체를 관찰하며 그림을 그린 화가 이쾌대를 설명하기 위해 먼저 위의 글을 빌렸다.

이름부터 주목을 끌만한 이 화가는 내가 개인적으로 좋아하는 화가이다. 너무나 많은 그림의 소재 중에서도 왜 이 화가는 유독 인물화에 집중했는가. 그런 궁금증을 가지고 지켜보며, 나만의 상상의 세계로 잠입하는 것이 참으로 좋았다. 뭉툭하면서도 부드러운 터치가 강렬한 인상과 더불어 묘한 조화를 이루는 그의 그림은 초보자이면서도 문외한인 사람에게도 충분히 다가오는 매력을 지녔다.

그림을 감상하며, 그 그림만이 가지는 예술적 효용성, 시대의 가치, 또 그 속의 숨어 있는 이야기가 도대체 무엇일까. 화가는 어떤 생각으로 이 그림을 그렸을까를 생각하는, 상상력을 이토록 많이 자극하는 화가도 드물기 때문이 아니었을까. 그런 생각이 나로 하여금 이쾌대에 조금씩 집착하도록 만들었다. 다분히 그의 인생의 과정도 드라마만큼이나 흥미진진하기도 했다. 나중에 언급하겠지만, 고흐도 〈자화상〉을, 그것도 자신의 귀를 자르기 전과 후의 모습을 그대로 그렸다. 그것까지는 아니지만 이쾌대도 많은 자화상을 그렸다.

나는 그의 그림을 보면서 윤동주의 시도 함께 떠올리면서 그림을, 읽었다. 그림은 보는 것이기도 하지만, 읽는다는 것도 좋은 방법이라고 생각한다. 그것은 한 시대를 읽어내는 하나의 통찰 방법이기 때문이다. 물론 가장 중요한 것은 그림 자체의 해석이겠지만, 그 사람의 배경, 즉 시대적 배경이나 성장과정, 사람들과의 교류 등을 이해함으로써 더욱 풍성한 그림 읽기를 할 수 있기 때문이다. 직접 그림을 대하지 않고서도 많은 전문서적들이 그런 역할을 수행하고 있기 때문에 이보다 더 편리하게 그림을 감상할 수는 없을 것이다. 단 내가 견지하는 감상의 방법은 몇 사람의 평론가의 글을 교차해서 읽는 것이다. 객관적 사실을 확보하여 더욱 넓은 시선으로 화가를 이해할 수 있기 때문이다.

앞에서 언급한 화가의 친형인 이여성의 발언처럼, 과학적인 실태 파악을 통해 마음의 밝은 소리를 듣는다는 것, 그것은 예술가이기 전에 모든 사람들이 갖추어야 할 인간적인 덕목이라는 사실과 그의 작품의 근원이자 지향한 목표라는 것을 이 글을 통해 이해할 수 있었기 때문이었다. 가장 비정치적으로 정치적인 존재가 사람이고 보면, 객관적 시선의 성찰이 그의 그림의 존재양식이 아닐까라는 생각이 나의 결론이었다. 그리고 이것은 극히 주관적이고 개인적인 견해이므로 오해의 여지가 없지도 않겠지만, 그림은 그림이고 해석은 각자의 몫이다.

화가가 정치적일 필요는 없다. 작품으로 말하면 그만이기 때문이다. 모든 예술가들에게 이 명제는 공통으로 적용된다. 그 이전에 어떤 예술가라도 정치적 범위에서 예속되어 있지 않다. 그들의 자유로운 영혼은 세속적인 것들에서 벗어나 이미 관조하고 조망하고 있을 것이다.

그럼에도 불구하고 모든 사람은 정치적이다. 사는 방법이 곧 정치이다. 그러므로 결국 생활이 정치라고 할 수 있다. 모든 사회적 규범이 공론을 통하여 약속된 범위 내에서 움직이도록 설계되어 있다고 해도 과언이 아니다. 그것이 정치라는 이름으로 규정되어 있으므로, 알고 보면 정치는 별거 아니라는 이야기로 귀결될 수도 있다.

더욱 중요한 것은 개인의 능력이나 배움이나 경제력에서 가장 일반적인 사람이 될수록 정치는 그 기능성을 상실한다는 사실이다. 지식인 혹은 상식적이고 민주적인 시민은 정치에서 늘 자유롭기 때문이다.

이런 장황한 수사를 서두에 들이미는 것은 우리가 가지고 있는 예술에 대한 선입견, 나아가서 그 특수성과 차별성을 너무 두려워하고 있다는 사실을 지적하고 싶기 때문이다. 예술은 심오하고 난해하며 철학적이고 가까이 하기엔 너무 먼 어떤 불문율이 있다고 우리는 오해하고 있다. 나 자신도 오랜 시간 그런 관념 속에 예술을 바라보고 이해했다. 어느 순간 예술이 과연 그럴까, 일상의 대상을 쉽게 느끼고 표현하는 것이 예술이라는 깨달음을 가지면서 마음이 편안해졌다. 예술은 놀이라고, 즐기는 것이라고, 그냥 느끼는 것이라고, 내가 알아서 향유할 대상일 뿐이라는 생각이다.

사람들은 예술을 '이해'하기 위하여 접근하기 때문에 어려울 수밖에 없다. 그러나 그럴 필요가 전혀, 눈곱만큼도 없다는 것이 늦깎이 예술 애호가의 지론이다. 그냥, 느끼기만 하면 된다. 설명 따위, 배경 따위, 작가의 철학이나 신념, 기타 등등 그 모든 것은 아무런 필요가 없다. 그 작품을 이해하기 위해서 작가를 알고 배경을 알고 접근하고

자 한다. 그렇지 않아도 된다. 내 앞의 그것만 제대로 바라보면 된다. 그러면 즐거워진다.

이쾌대는 칠곡 출신의 화가이다. 만석꾼의 집안, 그것도 삼만 석이 넘는 대부호의 집에서 태어났다. 대구 수성초등학교를 졸업한 향토 작가이다. 이후 서울의 휘문고보로 진학하였는데, 재학생으로 조선미술전람회에 입선할 정도로 일찍이 그의 천부적인 소질을 드러낸 바 있었다. 그의 태생적인 부유함은 그의 그림 〈이여성 초상화〉를 보면 그런 분위기가 저절로 묻어난다. 그의 형을 그린 작품으로, 소반에 올려놓은 책을 가만히 짚고 안경을 낀 사내, 그 눈초리가 너무 매섭다. 옥빛이 도는 저고리에 회색조끼는 부잣집 도련님, 아니 거부의 아들다운 자연스러운 기운이 응집되어 있다. 그런가 하면 턱을 괴고 앉아 생각에 잠긴 듯한 표정에서는 가꾸고 챙겨야 할 너무 많은 것들을, 그 용처를 고민하는 듯, 부자가 추구해야 할 그 무엇을 그는 응시하고 있다.

그의 그림의 특징이기도 한 배경 역시 많은 것을 함축하고 있는 듯하다. 쌀가마니는 아닌 듯하지만 포개어져 있는 덩어리들이 상징하는 풍성함이 그의 생활의 배경을 은근히 암시하고 있다. 왼쪽으로 보이는 날카로운 혹은 뾰족한 물건이 무엇을 그린 것인지는 불분명해 보이는데, 아마도 농기구의 일종으로 보이는 것만은 분명한데, 그 둥긂과 날카로움이 묘하게 대조를 이루면서 인물의 성격과 그 시대를 설명하고 있는 듯하다.

• 이여성 초상화

굳이 해방공간이라는 그 이전과 이후의 특수한 상황을 염두에 두지 않는다 하더라도 지식인의 고뇌, 안경 속에서 쏘아보는 눈빛에서 보이는 그 성찰의 눈빛, 무엇을 어찌 해야 할지 몰라 깊이 고민하면서, 습관이 된 듯한, 앞을 가리키는 것은 분명하지만 가만히 책을 누르고 있는 오른손의 길고 긴 손가락, 턱을 괴고 있는 왼손은 형이라는 혈육을 통해 자신의 심정을 오롯하게 대변하고 있는 것처럼 보인다. 한 평론가의 말대로 '혁명적 낭만주의와 진보적 리얼리즘'의 결과물로 평가하기도 하는데, 일견 수긍이 되면서도 여전히 어려운 명제임에 분명하다. 그러나 좁은 소견으로는 혁명이 꼭 피를 흘릴 필요는 없으며 아울러 진보가 꼭 신선하고 선구적일 필요는 없다는 생각, 새는 좌우의 날개로 날고 진보는 보수와의 대립과 화해, 서로의 보완재가 아닐까 하는 생각이 들었다. 그것이야말로 진정한 발전이니까 말이다.

이쾌대의 작품은 뭐니뭐니해도 〈푸른 두루마기 입은 자화상〉과 〈걸인〉이라는 작품이다. 〈푸른 두루마기 입은 자화상〉은 작가의 대표작으로 잘 알려져 있어 다른 설명이 따로 필요 없을 정도이나 정작 강렬하게 나의 시선과 마음을 단번에 매료시킨 그림은 〈걸인〉이었다. 〈푸른 두루마기 입은 자화상〉은 명쾌한 자화상이다. 그 자신의 자화상이긴 하지만 그 시대의 모든 것을 가장 함축적으로 표현한 작품이 아닌가 여겨진다. 옥색 두루마기, 신세대다운 중절모, 양손의 팔레트와 붓, 짙은 눈썹과 동그

• 푸른 두루마기 입은 자화상

란 눈에서 자기 확신에 가득한 동시대의 조선인을 표현하고자 했음이 분명하다. 잘 다듬은 콧수염까지 자세히 관찰해 보면 그런 경향이 더욱 뚜렷해진다.

나아가 그의 그림의 특징인 배경은 더욱 그다운 특징을 도드라지게 표현하고 있다. 우리의 산천임이 분명한 산과 들이, 푸른 하늘이 보이고 거기에 뿌리 내린 초가와 가옥들이 가지런히 배열되어 있다. 그리고 집에서 나온 세 사람의 여인이 머리에 무언가를 이고 마을 밖으로 걸어 나오고 있다. 보통의 초상화가 실내에서 그려진 것에 비하면 이쾌대의 초상화는 그런 닫힌 환경을 벗어나 우리네 산천을 배경으로 한, 그 의미가 독특하고 신선하다. 시대의 변환점에 서서 자신의 정체성의 배경을 분명히 밝히고 그 터전에서, 지금 자신이 서 있는 시점을 올바르게 바라보면서 나아가고자 하는 의지를 천명하고 있는 듯하다. 조금의 비켜남이나 물러남이 없이 오직 정면으로만 향하는 그의 정신세계가 보이는 듯하다.

앞에서 언급한 이여성의 표현처럼 '민중의 피와 살을 돋우며, 그 감각과 기분을 살리면서 또 생활과 활동을 향도하고 붙들어 주는 위대한 존재'의 역할을 위한 자신의 위상을 확립하고 정진하고자 한 내면의 소리를 이 그림을 통해 보여주는 것이라고 나는 해석했다. 이런 사실을 두고 어떤 평론가는 '소극적 항일운동'이라는 표현을 사용했는데, 그런 말 역시 틀린 말은 아니라, 어쩌면 시대에 동조하지 못하는 현실적 상황에서도 그 정신만큼은 확연함을 밝히고 자신의 방면에서 매진하려는 완고한 표현의 항일운동일 수도 있다는 생각이 들었다.

〈걸인〉은 충격적인 그림이다. 그 그림의 걸인은 최소한 나에게 있어서는 걸인이 아니었다. 핍박받는 선지자 혹은 선구자의 모습이었다. 팔뚝에 차고 있는 깡통만으로 걸인이라고 폄훼할 수는 없었다. 실명한 듯 보이는 한쪽 눈은 부조리한 현실을 외면하는 듯한 눈빛이었고 앞을 바라보지 않고 옆으로 쏘아보는 한쪽 눈은 비록 부조리한 현실이지만 외면할 수 없는 것들을 아우르며 바라보고 있는 듯했다.

속세의 모든 걸 내려놓고 온갖 유명과 무명을 비워버린 듯, 그의 깡통에는 빗물과 달빛과 인간의 향기가 가득 찰 것만 같다. 소중하게 껴안은 빈 그릇엔 과연 무엇으로 채워질 것인가. 내내 그런 생각이 들었다. 누더기로 감춰지기엔 너무나 탄탄한 근육은 세상의 핍박에 단련되어진 그의 정신세계가 그대로 투영되고 있다. 뒤로 보이는 거대한 산과 나무는 그 어떤 누구라도 부정할 수 없는 굳건한 정신이 그대로 굳어진 모습이었다. 그랬다. 그는 걸인이 아니었다. 광야에서 깨달음을 얻고 인간의 마을로 나서는 결연한 선지자의 모습이었다. 내가 너무 많은 의미를 부여하면서 호들갑을 떤다고 뭐라 해도 나는 내 생각을 바꿀 하등의 이유도 느끼지 않는다.

문득 터키 시인 나짐 히크메트의 「진정한 여행」이라는 시가 떠올랐다.

• 걸인

가장 훌륭한 시는 아직 쓰이지 않았다.
가장 아름다운 노래는 아직 불려지지 않았다.
최고의 날들은 아직 살지 않은 날들
가장 넓은 바다는 아직 항해되지 않았다.
가장 먼 여행은 아직 끝나지 않았다.

불멸의 춤은 아직 추어지지 않았으며
가장 빛나는 별은 아직 발견되지 않은 별
무엇을 해야 할지 더이상 알 수 없을 때
그때 비로소 진정한 무엇인가를 할 수 있다.
어느 길로 가야 할지 더이상 알 수 없을 때
그때가 비로소 진정한 여행의 시작이다.

이쾌대는 어떤 연유인지는 몰라도 홀연히 월북해서 그의 작품을 볼 수 있었던 것은 월북 작가들의 작품이 해금된 1988년 이후에나 가능했다. 다행스런 일이기는 하지만 아쉬운 부분이 많다. 북한에서의 활동을 정확히 확인할 수는 없지만 '민족허무주의'라는 미명하에 숙청된 것으로 알려져 있다.

개인적인 판단과 시대적인 혼돈 속에서 그가 선택한 최후의 결론은 무엇이었을까? 그가 떠난 여행의 종착지는 과연 어디였을까? 대부호의 자식답게 물질적인 것에 아무런 집착도 느끼지 못하고, 심지어 아내와 자식들까지 버려두고 그가 떠난 여행지는 어디였을까? 이것

또한 이쾌대의 그림을 보는 재미와 집착이기도 하다.

사족이지만, 그의 역작 〈조난〉이라는 작품도 꼭 음미할 필요가 있음을 지적하고 싶다. 해석의 여지가 너무나 많기 때문이다.

# 인간의 화엄(華嚴)을 그리다

## 화가 박생광!

한국의 피카소라고?

아니다. 그냥 한국의 박생광朴生光, 1904~1985이다.

대구미술관에서 전시된 박생광 선생의 전시회를 보고 오면서 이런 생각을 했다. 그래, 그냥 박생광이야. 누구와 비교한다는 것 자체가 선생에 대한 예의가 아니라는 생각이 들었다.

신명이 넘치는 절절한 굿 한판을 보고 난 뒤의 후련함이랄까, 무언가 가슴속에 응어리진 그 무엇이 뚫리는 느낌, 이런 것을 두고 예술적 카타르시스라고 말하는 것인지도 모르겠다. 새롭고 찬란한 색채의 현

박생광

란함에도 불구하고 그 선명함과 거침없음이 눈을 찌르고 심장을 후벼 파고 오감을 자극한 전시회였다고 해야 하나. 그런 묵직함, 그런 상쾌함, 그런 노련함이 오래 눈가에, 머리에 잔상으로 남아 돌아오는 길 내내 생각에 잠기게 했다.

박생광의 그림에서 가장 특징적인 것은 무속과 불교, 그리고 역사적인 관점에서 민중의 존재가 아닐까 생각해 보았다. 이 세 가지 주제는 묘하게 연관되어 있다. 우리의 존재를 확인하게 하는 것들, 알게 모르게 우리의 생활과 관념을 결정짓게 만드는 것들이다. 사람을 형성하게 하는 많은 외부적인 것과 내부적인 것들이 있지만 그런 것들을 한꺼번에 묶어놓을 수 있는 것이 종교와 역사이다. 나는 종교에 개방적이다. 그리고 나는 아무리 미미한 존재라고 하더라도 사회의 구성원으로서 역사의 한 부분이다. 박생광의 그림은 이렇게 나의 관념을 정리해 준 하나의 계기가 되었다.

보는 사람마다의 관점에 따라 그림에 대한 애정이 다를 수 있겠지만 나는 〈해질녘〉이라는 그림과 〈토함산 해돋이〉에서 걸음을 뗄 수 없었다. 그리고 〈십장생도〉라는 길이도 장대한 아름다운 그림에서 세속을 초월한 한 화가의 정신의 극치를 경험할 수 있었다.

거대한 세계가 거기 있었다.

그리고 참 아름답다. 이런 말만 되뇔 뿐이었다.

박생광은 제목에 있어서도 일말의 망설임도 없다. 있는 그대로 붙인다. 그의 아호대로 '그대로'다. 이런 사실은 제목에서 비롯되는 모호

함을 극복하고 있는 그대로의 본질을 탐구하라는 친절한 배려로 읽혀지는 것 같았다. 사물을 탐구할 때는 딴 것을 보지 마라. 눈앞의 것에만 집중하라. 그러면 그 본질이 보일 것이다. 그는 그렇게 내게 말을 걸어왔다.

그는 그의 집착과 관심은 화폭에 그대로 옮겨 놓았다. 날것 그대로의 숨결이 묻어난다. 습작이라고 불러도 좋을 성 싶은 그 그림의 과정을 그대로 발표해 버리는 과감성과 도전 정신 또한 경이롭다. 〈단청연구〉라는 시리즈의 그림은 그 선명한 결과물이다. 그 밖에도 〈목어연구〉, 〈탈 연구〉 등의 일련의 작품에도 그대로 지속된다.

그에게는 과정이 곧 결론이다. 형식에 얽매이지 않은 자유로움은 모든 사람의 갈망이다. 그런 과정을 가감 없이 펼쳐보여 준다는 것에서 나는 한없는 위안을 얻을 수 있었다.

그는 생전에 이렇게 말했다고 한다.

> "겸재나 단원이 한국미술의 전부냐고 묻고 싶다. 그리고 중국의 일대유파나 일본의 사조파(四條波) 정도만을 그리는 것만이 우리 회화의 지표는 아니라고 생각한다."

그는 자신만의 길을 가려했던 것으로 보인다. 그 바탕에는 우리 고유의 정서와 전통을 완벽하게 이해하고 재현하면서, 동시에 시대정신

• 토함산 해돋이

을 구현하려고 노력했음이 분명하다. 그것이 무속이든 불교든 유교든 중요하지 않았다. 무엇을 추구하는가, 무엇을 이루려는가, 그 정신의 배경에는 무엇이 있는가. 그는 그 근원적인 것의 탐구에서 그 답을 찾고자 했음이 분명하다. 70년대의 그림 〈단군〉과 80년대의 그림 〈청담대사〉가 그것이고, 85년의 작품 〈전봉준〉은 그 정점이라고 평가하고 싶다.

아울러 그는 무속 세계에서 근원적인 문제를 해결할 방법을 추구한 것으로 보인다. 우리가 이해하지 못할 무의식의 세계를 이해하고 그 가능성을 탐구하는 하나의 방법으로 무속은 마치 망망대해를 건너가는 노의 구실을 했을 것이다. 생각해 보면 참으로 간단한 결론을 도출해 낼 수 있다.

인간은 원시시대 때부터 자신의 신체적 약함이나 자연과의 대결에서 도저히 이겨낼 수 없다는 그 공포를 보이지 않는 힘, 신이거나 힘센 동물들을 의지의 대상으로 선정하여 그것에서 힘과 위안을 받길 원했다. 토테미즘이나 샤머니즘은 인간의식의 자연적 발로였다. 시간이 지나 인간이 문명을 누리기 시작하면서 그것은 좀 더 구체적으로 종교의 형식을 가지게 되었다. 그리하여 우리의 일상에 지배의식이었던 무속이 자연스럽게 불교와 결합하게 되었는지도 모른다. 이것은 무의식과 의식의 정교한 결합이었던 것이다.

그리고 지극히 개인적인 생각이지만 무속과 불교를 종교라고 생각하기에는 그 철학적 깊이가 너무나 넓고 광대하여 나는 종교라고 생

• 단군

각하기에 뭔가 좀 부족하다고 생각한다. 의식과 무의식의 그 결론이 나지 않은 모호한 경계에서 단순히 기복의 도구로 취급하고 싶지 않기 때문이다. 아직 계발되지 않은 우리의 정신을 자극하고, 신과 인간의 경계에서 끊임없이 갈구하는 인간의 영적 욕망을 박생광은 그 나름의 현란한 색채를 통해 표현하고자 한 것은 아니었을까? 〈토함산 해돋이〉와 〈해질녘〉이라는 그림은 그런 의미에서 '인간의 만다라'라고 나는 감히 말하고 싶다. 좀 더 나은 표현은 없을까? '인간의 화엄'이라고 말한다면 누군가 장황하다고 지적하지 않을까 싶지만, 굳이 개의치 않으려 한다.

수묵화가 김호석 화백은, 박생광은 우리 회화사에 있어 매우 중요한 위치에 있다고 지적하며 이렇게 말해 주었다.

> "대부분의 화가들 이력이 오래 지나다보면 매너리즘에 빠지게 되거나 자기 복제의 경향이 있는데, 박생광은 60 이전의 그림은 모두 다 거부하고, 그 이후에야 비로소 자기를 찾았다고 했다. 헛것을 보고 헛것을 그렸다고 했다. 그리하여 자신의 진정한 예술적 목적을 찾기 위해 6·25때 숨어 살았던 고향 진주의 제실로 돌아가 철저한 자기 부정과 개혁을 통해 자신만의 그림을 그리고자 했다. 일정한 명성을 얻고 일본화의 전통을 배운 대표적인 화가의 명성까지 잃어버릴 상황에서 그런 선택을 한 것은 쉬운 일이 아니었다.
>
> 그 과정과 결과는 무속과 단청, 정신세계 표출의 역사화였다. 무녀들

• 항일 독립운동가의 후손인 수묵화가 김호석 화백과
박생광, 이인성 등 대구, 경북 예술인에 대하여 많은 이야기를 나누다

을 그리고 무속적 색채가 강한 그림을 그리면서 자연스럽게 불교적인 정신도 녹여내었다. 고발과 항거라는 그만의 역사적 인식 방법으로 그는 민중에 대한 관심을 온몸으로 표출한 것이다. 그리하여 그는 단군을 그리는가 하면 청담 스님도 그리고 전봉준도, 명성황후도 그렸다. 이런 사실은 기층문화에 충실함으로써 우리 정신의 원형을 찾는 것이 아닌가 하는 그의 깨달음 때문일 것이다. 오방색과 단청에서 찾은 색깔을 통해 우리의 정신을 오롯하게 표현할 수 있다는 그 믿음이 오늘의 그를 있게 한 것이다. 그 믿음은 그의 그림에 차고 넘치는 생명력을 부여하고 있다.

또한 무속과 역사화를 통해 기층민중에 대한 애정을 더욱 강조하는가 하면 그들의 신념 어린 생을 그림으로 조명함으로써 반성적 성찰을 이끌어내는 소중한 기회를 제공해 주었다. 강직함을 표방한 감명적인 그림을 그렸다."

박생광은 2001년 『월간 아트』에서 평론가 21명의 통계에 의해 '20세기 최고의 한국작가'로 선정되었다. 내 생각으로는 중광 스님도 있고, 천경자 화백도 있고, 운보 김기창 선생도 일련의 그림으로 유명하신 분들인데 유독 박생광이 선정되었다는 것은 그의 정신의 일관성과 역동성, 그리고 인문적 독창성과 고유성이 인정받았다는 것을 증명하고 있다. 그만큼 한국회화사에서 그의 작품성이 객관적으로 평가된 사실은 많은 것을 시사하고 있다.

그는 한 책에서 이렇게 말했다.

• 대구시립미술관 '박생광전' 관람 후 최은주 관장 등 정성껏 전시회를 준비한 동료들과 함께

● 농촌풍경

"샤머니즘의 색채, 이미지, 무당, 불교의 탱화, 절간의 단청, 이 모든 것이 서민의 생활과 직결되어지는, 그야말로 '그대로' 나의 종교인 거 같아."

모든 거장이 그렇듯, 역사를 조망하지 않고 동시대를 고민하지 않고 미래를 성찰하지 않은 사람이 없다.

박생광의 그림은 개인의 역사이자 우리의 역사이다. 그러한 그림을 대구에서 직접 눈으로 확인한 것은 나 개인의 행복만이 아닌 모두의

행복이다. 그리고 대가의 숨결은 세고 매웠다. 그 여운은 이 글을 쓰는 내내 나로 하여금 숨을 죽이게 한다. 마음은 후덜덜하다. 오랜만에 느껴보는 '장군죽비'와 같은 깨우침은 많으면 많을수록 좋은 법이다.

나는 오늘 '인간의 만다라', '인간의 화엄'을 보았다.

내가 너무 나섰는지 모를 일이지만 이것은 분명 나만의 느낌과 경험만은 아닐 것이다. 그리고 작은 그림이지만 이 그림을 꼭 눈여겨보기를 권한다.

〈농촌풍경〉이라는 그림이다.

나는 그 그림에서 작은 천국을 보았다.

선비,
그 위대한
뿌리

**글** 이상길 | **발행인** 김윤태 | **발행처** 도서출판 선 | **편집책임** 이우근 | **교정** 김창현 | **북디자인** 디자인이즈
**등록번호** 제15-201 | **등록일자** 1995년 3월 27일 | **초판 1쇄 발행** 2019년 12월 30일
**주소** 서울시 종로구 삼일대로 30길 21 종로오피스텔 1218호 | **전화** 02-762-3335 | **전송** 02-762-3371

**값** 20,000원

ISBN 978-89-6312-593-0 03910